著

军中女律师
工作手记

江苏大学出版社
JIANGSU UNIVERSITY PRESS
镇江

图书在版编目(CIP)数据

军中女律师工作手记/张蓉著. —镇江：江苏大
学出版社,2016.11
ISBN 978-7-5684-0376-4

Ⅰ.①军… Ⅱ.①张… Ⅲ.①民事纠纷－案例－中国
Ⅳ.①D925.105

中国版本图书馆 CIP 数据核字(2016)第 279885 号

军中女律师工作手记
Junzhong Nülüshi Gongzuo Shouji

著　者/张　蓉
责任编辑/顾正彤
出版发行/江苏大学出版社
地　址/江苏省镇江市梦溪园巷 30 号(邮编:212003)
电　话/0511-84446464(传真)
网　址/http://press.ujs.edu.cn
排　版/镇江文苑制版印刷有限责任公司
印　刷/江苏凤凰数码印务有限公司
开　本/890 mm×1 240 mm　1/32
印　张/4.75
字　数/135 千字
版　次/2016 年 11 月第 1 版　2016 年 11 月第 1 次印刷
书　号/ISBN 978-7-5684-0376-4
定　价/39.00 元

如有印装质量问题请与本社营销部联系(电话:0511-84440882)

自　序

守护法治的铿锵玫瑰

　　一天,我的一个学员跑来跟我说:"张律师,我们为您写了一首诗,诗题叫'守护法治的铿锵玫瑰',我念给您听。"

　　　　她是内心强大的玫瑰
　　　　她是信念笃定的律师
　　　　纵然一路漫漫
　　　　纵然披星戴月
　　　　坚持走在维权路上

　　　　她探究事实　忠于法律
　　　　她依法维权　服务官兵
　　　　公平正义是她的追求

守护法治是她的担当

灿烂星空见证她内心崇高的道德法则

读罢,自豪感油然而生!细细回味,这首诗,既是一种肯定,也是一种激励,更是官兵对我们军队律师的期盼!

守护法治,做好军人军属涉法维权工作,往大了说,它事关国防和军队建设,事关依法治国、依法治军、法治江苏战略的实施,对全面推进法治军队目标,具有十分重要的现实意义。往小了说,落到实处,做好军人军属涉法维权工作,就是我们军队律师的责任和担当。我们律师就是军人军属的维权代言人呐!

这些年,我们为学员代言,如为一名学员追回了义务兵家属优待金;我们为军官代言,如为一位军官协调道路交通人身损害赔偿纠纷,以非诉方式快速拿回赔偿款;我们为军属代言,如为一名军嫂代理劳动纠纷案件,历时9个月,追回全部劳动报酬、经济补偿金和赔偿金……

当然,代言之路也有障碍,军人军属涉法难题,难在非诉;非诉之难,难在沟通,而不是法律适用。当难题摆在眼前,上还是不上?这,不是个问题!必须上!必须迎难而上!这是命令,军令如山!

难题面前,见真章。被困在哪里并不重要,重要的是前行的远方。难题面前,不忘初心,继续前行!

前行路上,有幸与最可爱的人相伴,他们扎根在这里,舍小家、为大家,致力于第二故乡的建设。当他们遇到法律难题的时候,当他们的家属遇到法律纠纷的时候,我们军队律师就是他们强大的后援团,我们愿意为他们代言。

作为代言人,我们军队律师有法治的信仰、有坚定的信念、有吃苦的精神、有钻研的干劲、有强大的内心。作为军队律师的一员,我的敬业精神,体现在踏踏实实处理好每一个案件,为军人军属争取应得的权利;我的法律素养,体现在勤勤恳恳论证每一个细节,为案件寻求可能的突破。公平正义就是我的追求,守护法治就是我的担当!我愿意成为官兵期盼的那朵"守护法治的铿锵玫瑰"!

目　录

001　不该迟到的义务兵家属优待金
如何保障义务兵家属优待金给付问题

006　军嫂权益保卫战
如何维护劳动者合法权益问题

019　私了？　难了！
如何处理道路交通事故损害赔偿纠纷

033　难要的一笔债
如何处理民间借贷纠纷

047　老吾老以及人之老
如何维护老年人合法权益问题

058 | 幼吾幼以及人之幼
如何追索非婚生子女抚养费问题

067 | 工伤"弱"者权益保卫战
如何处理农民工工伤纠纷

085 | 盗窃"豪爵"的孩子
如何妥善开展未成年人盗窃罪辩护

095 | 法律咨询手记

128 | 巧用心理咨询方法解决涉法涉诉难题

132 | 基层法律服务工作路径指引

137 | 官兵法治意识的问题分析与培育路径

142 | 后　记

不该迟到的义务兵家属优待金

如何保障义务兵家属优待金给付问题

"尽职尽责,排除官兵后顾之忧;保障有力,维护军属合法权益。"长达 3 年的维权路终于走到了成功的终点。新学期伊始,学员小华捧着一面金光闪闪的锦旗,满怀真挚的感激之情,走进了法律顾问处,道了一声发自肺腑的"谢谢"。

缘何迟到?

小华曾是某工程学院的一名在校大学生,在校期间思想进步、刻苦努力、成绩优异,多次获得奖学金。2008 年底,他响应国家号召,毅然参军入伍。在原济南军区服役的两年里,他训练上勇当尖兵,学习上争当标兵,先后获得连部嘉奖、"优秀士兵"等荣誉。在全军军队院校统一招生考试中,他以所在单位第一名的好成绩顺利考入军校。

在一次学校举办的法律咨询活动上,小华说出了一个心结。他从地方大学入伍后,按照优抚政策规定,军属每年应当享受"义务兵家属优待金"。但是,他的家属一直没有领到义务兵家属优待金。

小华说:"因为我是从地方大学入伍,所以,户籍所在地政府以我未在当地入伍,非当年入伍指标为由,不予发放义务兵家属优待金。而某工程学院相关部门则称义务兵家属优待金应当由入伍前户籍所在地政府部门发放。就这样,我的老父亲花了 3 年时间,往返两地 2000 余公里,却一无所获。"

律师说"法"

有争议,没关系,我们按照争议焦点找依据。

中华人民共和国公民在服现役期间获得相应优待,是法律明文规定的。从其立法精神上考察,对义务兵家属发给优待金,既是国家和社会对义务兵家庭因缺少人力而可能带来暂时困难的物质补偿,也是增强义务兵荣誉感而助其安心服役的重要举措。

根据《中华人民共和国兵役法》第五十八条规定:"义务兵服现役期间,其家庭由当地人民政府给予优待,优待标准不低于当地平均生活水平,具体办法由省、自治区、直辖市人民政府规定。"《军人抚恤优待条例》第三十三条第一款规定:"义务兵服现役期间,其家庭由当地人民政府发给优待金或者给予其他优待,优待标准不低于当地平均生活水平。"

随着大批高校在校学生积极响应国家号召,从学校所在地参军入伍,出现了由入学前户籍所在地发给优待金的规定难以落实的情况。结合《兵役法》和《军人抚恤优待条例》有关规定,及时对应征入伍服义务兵役高校在校生优待政策进行调整,目的就是进一步维护士兵及其军属的家庭权益,激励高校在校生积极报名应征。2012年,民政部、原总参谋部联合发出的《关于应征入伍服义务兵役高校在校生优待问题的通知》明确规定,高校在校生应在学校所在地应征报名,入伍服役后,其家属优待金由入学前户籍所在地发放改为由学校所在地发放。高校在校生,指按照国家规定实施高等学历教育的中央部门和地方所属全日制公办普通高等学校、民办普通高等学校和独立学院中,正在进行全日制普通本专科(含高职)、研究生、第二学士学位在读生,以及成人高校招收的普通本专科(高职)在读生。此规定从2012年冬季征兵开始实施,2012年以前入伍的高校在校生优待办法仍按照原规定办理。

几个关键词出现在我眼前,"2012年以前入伍""原规定"是什么?

2002年9月,教育部、公安部、民政部、总参谋部、总政治部《关于进一步做好从全日制高等学校在校学生中征集新兵工作的通知》第六条规定:"对批准入伍的在校大学生,服役期间,其家属享受军属待遇,并由其入学前户口所在地人民政府按照本省(自治区、直辖市)有关义务兵家属优待的规定给予优待。"

终于找到适用本案的法律依据了,我们当即向小华户籍所在地人武部发了《关于某某同志义务兵家属优待金发放的商请函》,当地人武部收到函件后积极与当地政府沟通协调。两地三方每天数通电话,最终,当地政府将拖欠长达3年之久的义务兵家属优待金发放到位。

现行法律规定

关于应征入伍服义务兵役高校在校生优待问题的通知

各省、自治区、直辖市民政厅(局)、征兵办公室,新疆生产建设兵团民政局、征兵办公室,各军区司令部,各省军区(卫戍区、警备区):

　　为认真落实《中华人民共和国兵役法》和《军人抚恤优待条例》的有关规定,鼓励高校在校生积极报名应征,保证义务兵优待政策有效落实,根据各地建议和工作实际,现就应征入伍服义务兵役的高校在校生优待问题明确如下:

　　一、高校在校生是指在按照国家规定实施高等学历教育的中央部门和地方所属全日制公办普通高等学校、民办普通高等学校和独立学院中,正在进行全日制普通本专科(含高职)、研究生、第二学士学位在读生,以及成人高校招收的普通本专科(高职)在读生。

　　二、高校在校生应当在学校所在地报名应征,符合征集条件的由学校所在地县(市、区)人民政府征兵办公室批准入伍。

　　三、高校在校生被批准入伍后,由批准入伍地按照当地义务兵入伍优待金标准给被批准入伍青年家庭发放优待金。

　　四、高校在校生入学前户籍与就读学校所在地属一个省(自治区、直辖市)但不同县(市、区)的,优待的具体办法由各省结合实际确定。

　　五、入学前户籍不在学校所在县(市、区)的高校在校生被批准入伍后,由批准入伍地县(市、区)征兵办公室将《应征公民入伍通知书》发给本人,翌年1月31日前发函通知其入学前户籍地县(市、区)征兵办公室,其家庭享受军属待遇。由入学前户籍地人民政府按规定给予其他方面的优待。

　　六、本规定从2012年冬季征兵开始实施。2012年以前入伍的高校在校生优待办法按照原规定办理。

中华人民共和国民政部
中国人民解放军总参谋部

2012年11月8日

维权后话

地方民政部门应当严格依法依规办事,形成有效的义务兵家属优待金发放的监督机制,严禁任何部门和单位截留、挪用或变相克扣优待金,对于截留、挪用、变相克扣或拖欠不能按时发放义务兵家属优待金的行为,义务兵本人及其家属可以要求地方政府有关部门依法查处;情节严重的,还可以向当地司法部门反映,追究相关人员的法律责任。

军嫂权益保卫战

如何维护劳动者合法权益问题

"无私援助为官兵,排忧解困暖人心",道出了军人军属对律师的谢意,道出了军人军属对法律援助工作的肯定,道出了军人军属对依法维权的坚定信念。这就是激励律师"依法维权,服务官兵"的原动力。

缘何焦虑?

一次出航前,某艇上士小贾面带愁容,原来,他的家属小依与某电气公司之间因工资、保险等问题产生纠纷,多次协商未果,遂向法律顾问处提出法律援助申请。学院首长高度重视,要求全力维护军属合法权益,以确保小贾安心出航,没有后顾之忧。

军属小依说:"2012年6月17号,通过朋友介绍,我到某电气公司应聘电气销售员。当时,我们口头约定试用期为两个月,如果干得好,试用期为一个月,试用期工资每个月按1500元算,试用期之后每个月基本工资1500元,外加销售提成,每天8:30上班,18:00下班,每周休息一天。当时,介绍工作的朋友也在场,她可以作证。她是……"

"嗯,这些细节很重要,你接着说说,后来和电气公司之间发生了什么。"看到小依情绪有点激动,我引导她陈述具体案情。

"后来啊,6月21日,我正式上班。上班之后,我就提出签订书面劳动合同,但是,电气公司一直以各种理由拖延,不肯签订书面劳动合同,也没有给我办理社会保险。10月15日起,公司就停发工资了。在公司没有支付劳动报酬的情况下,我仍然在公司从事销售工作。直到12月10日,公司要求我写书面材料承认自己工作业绩不佳,在此之前的社保待遇全部取消,重新约定试用期。说实话,我的销售业绩并不差,因此没有按公司的要求办。12月15日,公司口头通知辞退我了。这时,我们都很着急,心里也窝着火、憋着气,眼看着小贾要出航了,还成天为我的事情劳心劳神,我更难过……"

看着眼眶红红的小依,我想起了一段话:"军人军属从来都是舍小家、为大家,当他们遇到法律难题的时候,我们军队律师就是一支强大的后援团。我们是服务窗口,敬业精神和专业素养是做好服务的根基。敬业精神,应当体现在踏踏实实做好每一例案件,为军人军属争取应得的权利上;法律素养,应当体现在勤勤恳恳论证每一个细节,为案件寻求可能的突破上。"这段话,记在我的工作笔记的扉页,也深深地刻在我的心上。何以解其忧,唯有靠法律!我们要用法律武器打赢这场军属权益保卫战!

律师说"法"

依据《中华人民共和国劳动争议调解仲裁法》第五条规定："发生劳动争议,当事人调解不成的,可以向劳动争议仲裁委员会申请仲裁;对仲裁裁决不服的,可以向人民法院提起诉讼。"2013年2月1日,京口区劳动人事争议仲裁委员会立案受理军属小依诉某电气公司劳动争议一案,3月5日,公开开庭审理本案。本案中,申请人(军属小依)与被申请人(某电气公司)自2012年6月下旬建立劳动关系,此后,申请人多次与被申请人协商,要求订立书面劳动合同,但被申请人以种种理由拖延。根据《劳动合同法》第八十二条规定:"用人单位自用工之日起超过一个月不满一年未与劳动者订立书面劳动合同的,应当向劳动者每月支付两倍工资。"因此,被申请人不仅应当支付拖欠的工资、加班工资,补缴社会劳动保险费,还应当支付因未订立书面劳动合同而产生的五个月双倍工资。

再者,《最高人民法院关于审理劳动争议案件适用法律若干问题的解释》第十五条规定:"用人单位克扣或者无故拖欠劳动者工资,迫使劳动者提出解除劳动合同的,用人单位应当支付劳动者的劳动报酬和经济补偿,并可支付赔偿金。"结合《劳动合同法》第四十七条、第八十七条,被申请人应当支付申请人半个月工资的经济补偿,并按照经济补偿标准的两倍向劳动者支付赔偿金。为支持仲裁请求,我方提供了五组证据,分别用于证明军属小依在某电气公司工作的事实、工作时间、工资待遇、未缴纳社会保险及工作期间存在加班现象。经庭审质证,仲裁委认为,某电气公司提供的"录用登记备案表"等证据不能证明双方签订过劳动合同,未予采纳。经调解无效,区仲裁委裁决支持军属小依的仲裁请求。

漫漫诉讼路

某电气公司不服,分别于 2013 年 3 月 28 日以仲裁裁决认定事实有误、程序违法为由,2013 年 4 月 7 日以小依未履行离职工作交接义务、未上交两万余元销售款为由起诉至京口区法院。

电气公司的第一份民事起诉状列出五项诉讼请求,分别是:依法判令原告(电气公司)不支付被告(小依)未订立劳动合同双倍工资;依法判令原告不支付被告 2012 年 10 月 15 日至 2012 年 12 月 15 日期间工资;依法判令原告不支付被告加班工资;依法判令原告不支付被告经济补偿金;依法判令本案诉讼费用及其他费用均由被告承担。事实和理由如下:

第一,仲裁裁决认定事实有误,原被告已签订劳动合同,原告无须支付被告未订立劳动合同双倍工资。被告到原告公司上班,从事销售工作,负责门店的日常管理工作,包括导购、收款、完税、联系出库、安装等与销售相关的一系列工作。2012 年 7 月 21 日,也就是入职后一个月,原告与被告、小郝(另一名员工)同时签订了书面劳动合同。

第二,仲裁裁决原告支付被告加班工资有误,原告无须支付被告加班工资。原被告约定的是计件制工资,在被告每月完成基本销售任务后,超过部分,另行发放的提成中已包含增加工作时间的劳动报酬。

第三,被告离职时未书面告知原告,原告不需要支付解除劳动关系经济补偿金。仲裁认定原告与被告解除劳动关系是正确的,但因被告离职时未按照最高院司法解释规定履行书面通知义务,因此,原告不需要支付解除劳动关系经济补偿金。

第四,被告履行离职交接义务后,原告愿意依法支付其工资。因被告不履行离职交接义务,因此原告暂时不发放工资,理由充分,待被告完成离职交接后,原告愿意依法结清工资。

第五，仲裁裁决程序违法，被告提供的相关证据不能作为定案依据。在仲裁庭审过程中，未通知谈话笔录、录音光盘中所涉及的人员到庭进行质证，仲裁委将这些证据作为定案依据，完全违反了仲裁程序规定。

案中案

某电气公司的第二份民事起诉状列出三项诉讼请求，分别是：依法判令被告（小依）立即履行离职工作交接义务；依法判令被告立即返还原告发放的社会保险补贴；依法判令被告立即上交原告的销售款项29280元，原告保留追究其法律责任的权利。事实和理由如下：

被告于2012年6月21日到原告处上班，从事电气销售工作，同时负责门店的日常管理，包括导购、收款、完税、联系出库、安装等与销售相关的一系列工作。2012年7月21日，原告与被告已签订书面劳动合同，就试用期、工资、作息时间和加班工资计算方式、社会保险等作了相应的约定，双方约定的月工资1500元是以1320元为基数另加三项社会保险补贴180元。2012年12月，被告因与原告就工资结算事宜发生分歧。原告有证据显示被告未上交几笔销售款项计29280元，被告不承认，还将销售台账和劳动合同等隐匿，拒绝工作交接。

见招拆招

小依拿着两份诉状，眼泪在眼眶里打转……

"张律师，明明是他们欠我工资，他们怎么能这样说？"

"我知道，你现在很委屈，也很愤怒，我理解你。我们先静一静，理理思路，不能被他们无中生有的诉求牵着鼻子走……"

很明显，这两个关联案件是电气公司出的连环招。

见招拆招，我立即带着小侬着手补强证据，形成完整的证据链，当即向京口区法院提交答辩状，一一驳斥某电气公司民事起诉状中所述内容。经过两次开庭、三次"背对背"调解，在区法院的主持下，军属小侬与某电气公司自愿达成调解协议。某电气公司承诺在一周内将工资、保险待遇等付给军属小侬。

现行法律规定

1.《劳动合同法》第七条

用人单位自用工之日起即与劳动者建立劳动关系。

2.《劳动合同法》第十条

建立劳动关系，应当订立书面劳动合同。已建立劳动关系，未同时订立书面劳动合同的，应当自用工之日起一个月内订立书面劳动合同。用人单位与劳动者在用工前订立劳动合同的，劳动关系自用工之日起建立。

3.《劳动合同法》第十四条

用人单位自用工之日起满一年不与劳动者订立书面劳动合同的，视为用人单位与劳动者已订立无固定期限劳动合同。

4.《关于确立劳动关系有关事项的通知》（劳社部发〔2005〕12号）第一、二条

一、用人单位招用劳动者未订立书面劳动合同，但同时具备下列情形的，劳动关系成立。

（一）用人单位和劳动者符合法律、法规规定的主体资格；

（二）用人单位依法制定的各项劳动规章制度适用于劳动者，劳动者受用人单位的劳动管理，从事用人单位安排的有报酬的劳动；

（三）劳动者提供的劳动是用人单位业务的组成部分。

二、用人单位未与劳动者签订劳动合同,认定双方存在劳动关系时可参照下列凭证:

(一)工资支付凭证或记录(职工工资发放花名册)、缴纳各项社会保险费的记录;

(二)用人单位向劳动者发放的"工作证""服务证"等能够证明身份的证件;

(三)劳动者填写的用人单位招工招聘"登记表""报名表"等招用记录;

(四)考勤记录;

(五)其他劳动者的证言等。

其中,(一)、(三)、(四)项的有关凭证由用人单位负举证责任。

5.《劳动合同法》第十九条

劳动合同期限三个月以上不满一年的,试用期不得超过一个月;劳动合同期限一年以上不满三年的,试用期不得超过二个月;三年以上固定期限和无固定期限的劳动合同,试用期不得超过六个月。

同一用人单位与同一劳动者只能约定一次试用期。

以完成一定工作任务为期限的劳动合同或者劳动合同期限不满三个月的,不得约定试用期。

试用期包含在劳动合同期限内。劳动合同仅约定试用期的,试用期不成立,该期限为劳动合同期限。

6.《劳动合同法》第二十条

劳动者在试用期的工资不得低于本单位相同岗位最低档工资或者劳动合同约定工资的百分之八十,并不得低于用人单位所在地的最低工资标准。

7.《劳动合同法》第三十一条

用人单位应当严格执行劳动定额标准,不得强迫或者变相强迫劳动者加班。用人单位安排加班的,应当按照国家有关规定向劳动者支付加班费。

8.《劳动合同法》第四十六条

有下列情形之一的,用人单位应当向劳动者支付经济补偿:

(一)劳动者依照本法第三十八条规定解除劳动合同的;

(二)用人单位依照本法第三十六条规定向劳动者提出解除劳动合同并与劳动者协商一致解除劳动合同的;

(三)用人单位依照本法第四十条规定解除劳动合同的;

(四)用人单位依照本法第四十一条第一款规定解除劳动合同的;

(五)除用人单位维持或者提高劳动合同约定条件续订劳动合同,劳动者不同意续订的情形外,依照本法第四十四条第一项规定终止固定期限劳动合同的;

(六)依照本法第四十四条第四项、第五项规定终止劳动合同的;

(七)法律、行政法规规定的其他情形。

9.《劳动合同法》第四十七条

经济补偿按劳动者在本单位工作的年限,每满一年支付一个月工资的标准向劳动者支付。六个月以上不满一年的,按一年计算;不满六个月的,向劳动者支付半个月工资的经济补偿。

劳动者月工资高于用人单位所在直辖市、设区的市级人民政府公布的本地区上年度职工月平均工资三倍的,向其支付经济补偿的标准按职工月平均工资三倍的数额支付,向其支付经济补偿的年限最高不超过十二年。

本条所称月工资是指劳动者在劳动合同解除或者终止前十二个月的平均工资。

10.《劳动合同法》第四十八条

用人单位违反本法规定解除或者终止劳动合同,劳动者要求继续履行劳动合同的,用人单位应当继续履行;劳动者不要求继续履行劳动合同或者劳动合同已经不能继续履行的,用人单位应当依照本法第八十七条规定支付赔偿金。

11.《劳动合同法》第七十七条

劳动者合法权益受到侵害的,有权要求有关部门依法处理,或者依法申请仲裁、提起诉讼。

12.《国务院关于职工工作时间的规定》第三条

职工每日工作 8 小时、每周工作 40 小时。

13.《国务院关于职工工作时间的规定》第五条

因工作性质或者生产特点的限制,不能实行每日工作 8 小时、每周工作 40 小时标准工时制度的,按照国家有关规定,可以实行其他工作和休息办法。

14.《国务院关于职工工作时间的规定》第六条

任何单位和个人不得擅自延长职工工作时间。因特殊情况和紧急任务确需延长工作时间的,按照国家有关规定执行。

15.《社会保险法》第二条

国家建立基本养老保险、基本医疗保险、工伤保险、失业保险、生育保险等社会保险制度,保障公民在年老、疾病、工伤、失业、生育等情况下依法从国家和社会获得物质帮助的权利。

16.《社会保险法》第四条

中华人民共和国境内的用人单位和个人依法缴纳社会保险费,有权查询缴费记录、个人权益记录,要求社会保险经办机构提供社会保险咨询等相关服务。

个人依法享受社会保险待遇,有权监督本单位为其缴费情况。

17.《社会保险法》第十条

职工应当参加基本养老保险,由用人单位和职工共同缴纳基本养老保险费。

无雇工的个体工商户、未在用人单位参加基本养老保险的非全日制从业人员以及其他灵活就业人员可以参加基本养老保险,由个人缴纳基本养老保险费。

公务员和参照公务员法管理的工作人员养老保险的办法由国务院规定。

18.《社会保险法》第十一条

基本养老保险实行社会统筹与个人账户相结合。

基本养老保险基金由用人单位和个人缴费以及政府补贴等组成。

19.《社会保险法》第十二条

用人单位应当按照国家规定的本单位职工工资总额的比例缴纳基本养老保险费,记入基本养老保险统筹基金。

职工应当按照国家规定的本人工资的比例缴纳基本养老保险费,记入个人账户。

无雇工的个体工商户、未在用人单位参加基本养老保险的非全日制从业人员以及其他灵活就业人员参加基本养老保险的,应当按照国家规定缴纳基本养老保险费,分别记入基本养老保险统筹基金和个人账户。

20.《社会保险法》第二十三条

职工应当参加职工基本医疗保险,由用人单位和职工按照国家规定共同缴纳基本医疗保险费。

无雇工的个体工商户、未在用人单位参加职工基本医疗保险的非全日制从业人员以及其他灵活就业人员可以参加职工基本医疗保险,由个人按照国家规定缴纳基本医疗保险费。

21.《社会保险法》第三十三条

职工应当参加工伤保险,由用人单位缴纳工伤保险费,职工不缴纳工伤保险费。

22.《社会保险法》第三十四条

国家根据不同行业的工伤风险程度确定行业的差别费率,并根据使用工伤保险基金、工伤发生率等情况在每个行业内确定费率档次。行业差别费率和行业内费率档次由国务院社会保险行政部门制定,报国务院批准后公布施行。

社会保险经办机构根据用人单位使用工伤保险基金、工伤发生率和所属行业费率档次等情况,确定用人单位缴费费率。

23.《社会保险法》第三十五条

用人单位应当按照本单位职工工资总额,根据社会保险经办机构确定的费率缴纳工伤保险费。

24.《社会保险法》第四十四条

职工应当参加失业保险,由用人单位和职工按照国家规定共同缴纳失业保险费。

25.《社会保险法》第五十三条

职工应当参加生育保险,由用人单位按照国家规定缴纳生育保险费,职工不缴纳生育保险费。

26.《社会保险法》第五十四条

用人单位已经缴纳生育保险费的,其职工享受生育保险待遇;职工未就业配偶按照国家规定享受生育医疗费用待遇。所需资金从生育保险基金中支付。

生育保险待遇包括生育医疗费用和生育津贴。

27.《社会保险法》第六十三条

用人单位未按时足额缴纳社会保险费的,由社会保险费征收机构责令其限期缴纳或者补足。

　　用人单位逾期仍未缴纳或者补足社会保险费的,社会保险费征收机构可以向银行和其他金融机构查询其存款账户;并可以申请县级以上有关行政部门作出划拨社会保险费的决定,书面通知其开户银行或者其他金融机构划拨社会保险费。用人单位账户余额少于应当缴纳的社会保险费的,社会保险费征收机构可以要求该用人单位提供担保,签订延期缴费协议。

　　用人单位未足额缴纳社会保险费且未提供担保的,社会保险费征收机构可以申请人民法院扣押、查封、拍卖其价值相当于应当缴纳社会保险费的财产,以拍卖所得抵缴社会保险费。

　　28.《社会保险法》第八十四条

　　用人单位不办理社会保险登记的,由社会保险行政部门责令限期改正;逾期不改正的,对用人单位处应缴社会保险费数额一倍以上三倍以下的罚款,对其直接负责的主管人员和其他直接责任人员处500元以上3000元以下的罚款。

　　29.《社会保险法》第八十五条

　　用人单位拒不出具终止或者解除劳动关系证明的,依照《中华人民共和国劳动合同法》的规定处理。

　　30.《社会保险法》第八十六条

　　用人单位未按时足额缴纳社会保险费的,由社会保险费征收机构责令限期缴纳或者补足,并自欠缴之日起,按日加收万分之五的滞纳金;逾期仍不缴纳的,由有关行政部门处欠缴数额一倍以上三倍以下的罚款。

维权后话

维权路漫漫。该起劳动纠纷案件,历经劳动仲裁、法院诉讼等司法环节,于2013年5月下旬调解结案,6月下旬执行完结。在承办案件过程中,我们细致地调查取证、认真地准备诉讼文书、精彩地完成庭审过程,实实在在维护了军属的合法权益。赢了官司、安了兵心——依法维权,也是一种战斗力!

私了？ 难了！

如何处理道路交通事故损害赔偿纠纷

　　上班路上，偶然抬头，看到树叶从繁茂的绿色变成黄色、红色，落叶随着秋风飘入草地；随之低头，看到小草也从繁茂的浓绿渐次枯萎变黄。秋，来了……

　　自古以来，春种秋收顺应了时节的因果，因就是农夫的春播，果就是秋天的收获。

　　法律上的因果关系，则是明确规定在法律当中的，由司法者依据相关法律规定和法律价值进行筛选、定性、评判并最终定案的动态过程。这种因果关系的认定，是法院确定侵权责任赔偿的前提。

　　侵权的因果关系，是指违法行为和损害事实之间的因果关系，即若不存在这种违法行为，损害就不会发生，则该行为是损害结果发生的原因；反之，即使不存在该行为，损害也会发生，则该行为就不是损害发生的原因。

缘何难了?

军属陈某被地方人员冯某驾驶的小型轿车撞倒,当即被送往医院,并被诊断为多发性外伤、腰椎 L1 椎体压缩性骨折。医生建议绝对卧床休息。这起事故,公安机关交通管理部门认定冯某负事故全部责任,陈某无责。

事故发生后,冯某主动提出私了。陈某也不想住院给子女添麻烦,就答应私了。双方商议好,陈某回家养伤,冯某赔偿点儿医药费就行。

两个月后,经复查得知,陈某的 L1 椎体压缩程度较前明显,必须住院手术治疗。治疗结束后,冯某反悔了,拒不承担医疗费用。陈某情绪激动地说:"住院手术期间,冯某不仅不来看望,连电话都没打过一个,实在气人! 现在看来,私了,是不行了!"

律师说"法"

我国《民事诉讼法》明确规定,证据应当具有合法性、有效性和关联性。为此,我在办案前期花费大量时间和精力着手搜集证据、补强证据,结合案件实际列出损失清单及证据清单。在开庭前,我预估了几个争议焦点,一是医疗费数额是否合理,尤其是手术费用;二是损害后果与交通事故的因果关系,尤其是事故发生后两个月再行手术治疗的问题;三是如何理解误工费的含义及准确运用误工费的计算标准。

果然,庭审过程中,第二被告即保险公司提出抗辩:第一,原告陈某为年满60周岁的男性,主张误工费一项不予认可,请求法院依法驳回;第二,原告在事故发生后两个月才采取手术治疗,被告认为该手术与事故发生造成的损伤没有必然的因果关系,不应当由被告支付医疗费，请求法院依法驳回；第三，原告主张的护理期限、误工期限和营养期限明显过高。

我随即提出辩论意见，一一驳斥被告保险公司的抗辩理由：首先，一般情况下，对于年满60周岁的男性和年满55周岁的女性，赔偿权利人主张受害人误工费的，一般不予支持，但是有证据证明受害人事故发生前身体健康状况良好，仍从事一定劳务的，有固定收入的，或者无子女赡养，需要以自己的劳动收入作为主要生活来源的，其主张误工费应予以支持。原告虽年满60周岁，但是我方提供的证据中既有单位出具的事故发生前三个月的部门人员工资清单，也有事故发生后原单位停发工资的证明，这足以说明原告主张误工费一项合理、合法；其次，从我方提供的病历记录可知，事故发生后，门诊检查显示L1椎体压缩性骨折，医生建议绝对卧床休息，期间复查多次，因保守治疗效果不好，检查后得知腰椎体压缩程度较前明显，所以在事故发生后两个月住院手术。我方从事实出发，提供的门诊病历、手术记录、住院记录相互印证，形成完整的证据链，足以证明交通事故与手术之间的因果关系。因此，我方主张医疗费等诉讼请求合理、合法；最后，被告保险公司认为我方主张的误工期限等过长，依据"谁主张，谁举证"的原则，被告可申请司法鉴定，我方愿意配合，但是，就目前而言，我方提供的证据足以证明所列期限的合理性，请求法院依法判决支持原告的全部诉讼请求。法院当庭调解结案，冯某及其保险公司共同赔偿军属陈某医疗费、住院伙食补助费、营养费、误工费、护理费、交通费等。

现行法律规定

1.《道路交通安全法》第七十三条

公安机关交通管理部门应当根据交通事故现场勘验、检查、调查情况和有关的检验、鉴定结论，及时制作交通事故认定书，作为处理交通事故的证据。交通事故认定书应当载明交通事故的基本事实、成因和当事人的责任，并送达当事人。

2.《道路交通安全法》第七十四条

对交通事故损害赔偿的争议，当事人可以请求公安机关交通管理部门调解，也可以直接向人民法院提起民事诉讼。

经公安机关交通管理部门调解，当事人未达成协议或者调解书生效后不履行的，当事人可以向人民法院提起民事诉讼。

3.《道路交通事故处理程序规定》第三十七条

需要进行检验、鉴定的，公安机关交通管理部门应当自事故现场调查结束之日起三日内委托具备资格的鉴定机构进行检验、鉴定。

4.《道路交通事故处理程序规定》第三十八条

公安机关交通管理部门应当与检验、鉴定机构约定检验、鉴定完成的期限，约定的期限不得超过二十日。超过二十日的，应当报经上一级公安机关交通管理部门批准，但最长不得超过六十日。

5.《道路交通事故处理程序规定》第四十五条

道路交通事故认定应当做到程序合法、事实清楚、证据确实充分、适用法律正确、责任划分公正。

6.《道路交通事故处理程序规定》第四十六条

公安机关交通管理部门应当根据当事人的行为对发生道路交通事故所起的作用及过错的严重程度，确定当事人的责任。

（一）因一方当事人的过错导致道路交通事故的，承担全部责任；

（二）因两方或者两方以上当事人的过错发生道路交通事故的，根据其行为对事故发生的作用以及过错的严重程度，分别承担主要责任、同等责任和次要责任；

（三）各方均无导致道路交通事故的过错，属于交通意外事故的，各方均无责任。

一方当事人故意造成道路交通事故的，他方无责任。

7.《道路交通事故处理程序规定》第四十七条

公安机关交通管理部门应当自现场调查之日起十日内制作道路交通事故认定书。交通肇事逃逸案件在查获交通肇事车辆和驾驶人后十日内制作道路交通事故认定书。对需要进行检验、鉴定的，应当在检验、鉴定结论确定之日起五日内制作道路交通事故认定书。

8.《道路交通事故处理程序规定》第四十九条

逃逸交通事故尚未侦破，受害一方当事人要求出具道路交通事故认定书的，公安机关交通管理部门应当在接到当事人书面申请后十日内制作道路交通事故认定书，并送达受害一方当事人。道路交通事故认定书应当载明事故发生的时间、地点、受害人情况及调查得到的事实，有证据证明受害人有过错的，确定受害人的责任；无证据证明受害人有过错的，确定受害人无责任。

9.《道路交通事故处理程序规定》第五十一条

当事人对道路交通事故认定有异议的，可以自道路交通事故认定书送达之日起三日内，向上一级公安机关交通管理部门提出书面复核申请。

复核申请应当载明复核请求及其理由和主要证据。

10. 《道路交通事故处理程序规定》第五十二条

上一级公安机关交通管理部门收到当事人书面复核申请后五日内,应当作出是否受理决定。有下列情形之一的,复核申请不予受理,并书面通知当事人。

（一）任何一方当事人向人民法院提起诉讼并经法院受理的;

（二）人民检察院对交通肇事犯罪嫌疑人批准逮捕的;

（三）适用简易程序处理的道路交通事故;

（四）车辆在道路以外通行时发生的事故。

公安机关交通管理部门受理复核申请的,应当书面通知各方当事人。

11. 《道路交通事故处理程序规定》第五十五条

上一级公安机关交通管理部门复核以一次为限。

12. 《道路交通安全法》第七十六条

机动车发生交通事故造成人身伤亡、财产损失的,由保险公司在机动车第三者责任强制保险责任限额范围内予以赔偿;不足的部分,按照下列规定承担赔偿责任:

（一）机动车之间发生交通事故的,由有过错的一方承担赔偿责任;双方都有过错的,按照各自过错的比例分担责任。

（二）机动车与非机动车驾驶人、行人之间发生交通事故,非机动车驾驶人、行人没有过错的,由机动车一方承担赔偿责任;有证据证明非机动车驾驶人、行人有过错的,根据过错程度适当减轻机动车一方的赔偿责任;机动车一方没有过错的,承担不超过百分之十的赔偿责任。

交通事故的损失是由非机动车驾驶人、行人故意碰撞机动车造成的,机动车一方不承担赔偿责任。

13. 《侵权责任法》第四十八条

机动车发生交通事故造成损害的,依照道路交通安全法的有关规定承担赔偿责任。

14. 最高人民法院《关于审理人身损害赔偿案件适用法律若干问题的解释》第一条

因生命、健康、身体遭受侵害，赔偿权利人起诉请求赔偿义务人赔偿财产损失和精神损害的，人民法院应予受理。

15. 最高人民法院《关于审理人身损害赔偿案件适用法律若干问题的解释》第十七条

受害人遭受人身损害，因就医治疗支出的各项费用以及因误工减少的收入，包括医疗费、误工费、护理费、交通费、住宿费、住院伙食补助费、必要的营养费，赔偿义务人应当予以赔偿。

受害人因伤致残的，其因增加生活上需要所支出的必要费用以及因丧失劳动能力导致的收入损失，包括残疾赔偿金、残疾辅助器具费、被扶养人生活费，以及因康复护理、继续治疗实际发生的必要的康复费、护理费、后续治疗费，赔偿义务人也应当予以赔偿。

受害人死亡的，赔偿义务人除应当根据抢救治疗情况赔偿本条第一款规定的相关费用外，还应当赔偿丧葬费、被扶养人生活费、死亡补偿费以及受害人亲属办理丧葬事宜支出的交通费、住宿费和误工损失等其他合理费用。

16. 最高人民法院《关于审理人身损害赔偿案件适用法律若干问题的解释》第十八条

受害人或者死者近亲属遭受精神损害，赔偿权利人向人民法院请求赔偿精神损害抚慰金的，适用《最高人民法院关于确定民事侵权精神损害赔偿责任若干问题的解释》予以确定。

精神损害抚慰金的请求权，不得让与或者继承。但赔偿义务人已经以书面方式承诺给予金钱赔偿，或者赔偿权利人已经向人民法院起诉的除外。

17. 最高人民法院《关于审理人身损害赔偿案件适用法律若干问题的解释》第十九条

医疗费根据医疗机构出具的医药费、住院费等收款凭证，结合病历和诊断证明等相关证据确定。赔偿义务人对治疗的必要性和合理性有异议的，应当承担相应的举证责任。

医疗费的赔偿数额，按照一审法庭辩论终结前实际发生的数额确定。器官功能恢复训练所必要的康复费、适当的整容费以及其他后续治疗费，赔偿权利人可以待实际发生后另行起诉。但根据医疗证明或者鉴定结论确定必然发生的费用，可以与已经发生的医疗费一并予以赔偿。

18. 最高人民法院《关于审理人身损害赔偿案件适用法律若干问题的解释》第二十条

误工费根据受害人的误工时间和收入状况确定。

误工时间根据受害人接受治疗的医疗机构出具的证明确定。受害人因伤致残持续误工的，误工时间可以计算至定残日前一天。

受害人有固定收入的，误工费按照实际减少的收入计算。受害人无固定收入的，按照其最近三年的平均收入计算；受害人不能举证证明其最近三年的平均收入状况的，可以参照受诉法院所在地相同或者相近行业上一年度职工的平均工资计算。

19. 最高人民法院《关于审理人身损害赔偿案件适用法律若干问题的解释》第二十一条

护理费根据护理人员的收入状况和护理人数、护理期限确定。

护理人员有收入的，参照误工费的规定计算；护理人员没有收入或者雇佣护工的，参照当地护工从事同等级别护理的劳务报酬标准计算。护理人员原则上为一人，但医疗机构或者鉴定机构有明确意见的，可以参照确定护理人员人数。

护理期限应计算至受害人恢复生活自理能力时止。受害人因残疾不能恢复生活自理能力的，可以根据其年龄、健康状况等因素确定合理的护理期限，但最长不超过二十年。

受害人定残后的护理，应当根据其护理依赖程度并结合配制残疾辅助器具的情况确定护理级别。

20. 最高人民法院《关于审理人身损害赔偿案件适用法律若干问题的解释》第二十二条

交通费根据受害人及其必要的陪护人员因就医或者转院治疗实际发生的费用计算。交通费应当以正式票据为凭；有关凭据应当与就医地点、时间、人数、次数相符合。

21. 最高人民法院《关于审理人身损害赔偿案件适用法律若干问题的解释》第二十三条

住院伙食补助费可以参照当地国家机关一般工作人员的出差伙食补助标准予以确定。

受害人确有必要到外地治疗，因客观原因不能住院，受害人本人及其陪护人员实际发生的住宿费和伙食费，其合理部分应予赔偿。

22. 最高人民法院《关于审理人身损害赔偿案件适用法律若干问题的解释》第二十四条

营养费根据受害人伤残情况参照医疗机构的意见确定。

23. 最高人民法院《关于审理人身损害赔偿案件适用法律若干问题的解释》第二十五条

残疾赔偿金根据受害人丧失劳动能力程度或者伤残等级，按照受诉法院所在地上一年度城镇居民人均可支配收入或者农村居民人均纯收入标准，自定残之日起按二十年计算。但六十周岁以上的，年龄每增加一岁减少一年；七十五周岁以上的，按五年计算。

受害人因伤致残但实际收入没有减少，或者伤残等级较轻但造成职业妨害严重影响其劳动就业的，可以对残疾赔偿金作相应调整。

24. 最高人民法院《关于审理人身损害赔偿案件适用法律若干问题的解释》第二十六条

残疾辅助器具费按照普通适用器具的合理费用标准计算。伤情有特殊需要的，可以参照辅助器具配制机构的意见确定相应的合理费用标准。

辅助器具的更换周期和赔偿期限参照配制机构的意见确定。

25. 最高人民法院《关于审理人身损害赔偿案件适用法律若干问题的解释》第二十七条

丧葬费按照受诉法院所在地上一年度职工月平均工资标准，以六个月总额计算。

26. 最高人民法院《关于审理人身损害赔偿案件适用法律若干问题的解释》第二十八条

被扶养人生活费根据扶养人丧失劳动能力程度，按照受诉法院所在地上一年度城镇居民人均消费性支出和农村居民人均年生活消费支出标准计算。被扶养人为未成年人的，计算至十八周岁；被扶养人无劳动能力又无其他生活来源的，计算二十年。但六十周岁以上的，年龄每增加一岁减少一年；七十五周岁以上的，按五年计算。

被扶养人是指受害人依法应当承担扶养义务的未成年人或者丧失劳动能力又无其他生活来源的成年近亲属。被扶养人还有其他扶养人的，赔偿义务人只赔偿受害人依法应当负担的部分。被扶养人有数人的，年赔偿总额累计不超过上一年度城镇居民人均消费性支出额或者农村居民人均年生活消费支出额。

27. 最高人民法院《关于审理人身损害赔偿案件适用法律若干问题的解释》第二十九条

死亡赔偿金按照受诉法院所在地上一年度城镇居民人均可支配收入或者农村居民人均纯收入标准，按二十年计算。但六十周岁以上的，年龄每增加一岁减少一年；七十五周岁以上的，按五年计算。

28. 最高人民法院《关于审理人身损害赔偿案件适用法律若干问题的解释》第三十五条

本解释所称"城镇居民人均可支配收入""农村居民人均纯收入""城镇居民人均消费性支出""农村居民人均年生活消费支出""职工平均工资"，按照政府统计部门公布的各省、自治区、直辖市以及经济特区和计划单列市上一年度相关统计数据确定。

"上一年度"，是指一审法庭辩论终结时的上一统计年度。

29. 最高人民法院《关于确定民事侵权精神损害赔偿责任若干问题的解释》第十条

精神损害的赔偿数额根据以下因素确定：

（一）侵权人的过错程度，法律另有规定的除外；

（二）侵害的手段、场合、行为方式等具体情节；

（三）侵权行为所造成的后果；

（四）侵权人的获利情况；

（五）侵权人承担责任的经济能力；

（六）受诉法院所在地平均生活水平。

法律、行政法规对残疾赔偿金、死亡赔偿金等有明确规定的，适用法律、行政法规的规定。

维权后话

机动车在人们生活中的使用越来越普及,成了名副其实的代步工具,不仅使人们的出行越来越方便、活动半径越来越宽泛、城际联系越来越紧密,也提高了人们的生活质量、行业的生产效率。但是,机动车的普及增加了人们遭受事故和伤害的风险。发生交通事故,当事人是否可以"私了"? 当然可以。《道路交通安全法》第七十条规定,"在道路上发生交通事故,未造成人身伤亡,当事人对事实及成因无争议的,可以即行撤离现场,恢复交通,自行协商处理损害赔偿事宜"。但是,私了是有条件的,必须双方当事人对事故事实及成因、事故赔偿无异议。所以,"私了"有风险,处理需谨慎。

无论是侵权方还是被侵权方,如何维护自身的合法权益,做到于法有据,提示如下:

第一,交通事故处理。在道路上发生交通事故时,车辆驾驶人应当立即停车,采取安全保护措施,保护现场,迅速报警、报保险公司或协商解决。如果事故造成人身伤亡的,应当立即抢救受伤人员。如果未造成人身伤亡,当事人对事实和事故成因没有争议的,可以拍照取证,撤离现场后协商损害赔偿事宜。若协商不成,依据公安机关交通管理部门制作的交通事故认定书,当事人可以请求公安机关交通管理部门调解,也可以直接向人民法院提起民事诉讼。交通事故认定书是划分责任、分配赔偿比例的唯一依据,着重提示一点,如果当事人对道路交通事故认定有异议的,可以自道路交通事故认定书送达之日起三日内,向上一级公安机关交通管理部门提出书面复核申请,该申请应当载明复核请求及其理由和主要证据。

第二,车辆保险。为了促进道路交通安全,为了保障机动车道路交通事故受害人依法得到赔偿,我国法律规定在中华人民共和国境内道路上行驶的机动车的所有人或管理人，应当投保机动车交通事故责任强制保险。被保险机动车发生道路交通事故造成本车人员、被保险人以外的受害人人身伤亡、财产损失的，由保险公司依法在机动车交通事故责任强制保险责任限额范围内予以赔偿。此外，大多数车主都投保商业险。近年来，因为不了解保险合同条款、没看清投保单中的免责条款、不知道事故理赔程序，而发生保险公司全部拒赔或部分拒赔的案例越来越多。特别提醒两点，一是投保时，花点时间，看清条款，尤其是黑体加粗部分。二是处理时，因为合同中往往有"遗弃被保险机动车逃离事故现场"的免责条款，所以事故发生后，尤其是发生单方事故后，驾驶员万万不能擅自驶离现场，必须及时通知保险公司定损，并保存好报险记录。

第三，交通事故损害赔偿。实践中，道路交通事故人身损害赔偿的项目主要包括医疗费、误工费、护理费、交通费、住宿费、住院期间伙食补助费、营养费、鉴定费、残疾赔偿金、残疾辅助器具费、丧葬费、被扶养人生活费、死亡赔偿金、精神损害抚慰金中的相关项，赔偿金额则按照责任大小确定具体赔偿系数。其中，误工时间、营养期限、护理期限及伤残等级可以通过鉴定确定。具体来说，医疗费的赔偿数额按一审法庭辩论终结前实际发生的数额确定，后续治疗费可以待实际发生后另行起诉。误工费根据受害人的误工时间和收入状况确定，其中，误工时间可以根据医疗机构出具的证明确定，也可以按照鉴定机构出具的误工期限确定。受害人有固定收入的，按实际减少的计算，需提供单位工资发放证明；受害人无固定收入的，按其最近三年的平均收入计算；受害人不能举证证明最近三年平均收入的，参照受诉法院所在地相同或相近行业上一年度职工的平均工资计算。护理费可以根据护理人员的收入状况，或参照当地护工从事同等级别护理的劳动报酬标准，结合鉴定机构给出的护理期限确定。住院伙食补助费可以参照当地国家机关一般工作人员的出差伙食补助标准予以确定。营养费可以根据鉴定机构给出的营养期限予以确定。残疾赔偿金可以根据鉴定机构给出的受害人伤残等级,按照受诉法院所在地上一年度城镇居民人均可支配收入或者农村居民人均纯收入标准(此为基数),自定残之日起按 20 年计算。60 周岁以上的,每增加一岁减少一年;75 周岁以上的,按 5 年计算。伤残等级从第一级 100% 到第十级 10%,多个伤残等级需结合实际计算。因此,一般公式是基数×年限×等级系数。死亡赔偿金按照受诉法院所在地上一年度城镇居民人均可支配收入或者农村居民人均纯收入标准,按 20 年计算。但 60 周岁以上的,年龄每增加一岁减少一年;75 周岁以上的,按 5 年计算。尤其要注意一点,受害人是经常居住地在城镇的农村居民,在城镇工作、生活、居住或学习满一年以上的,残疾赔偿金和死亡赔偿金按照城镇标准,丧葬费按照受诉法院所在地上一年度职工月平均工资标准,以 6 个月总额计算。

难要的一笔债

如何处理民间借贷纠纷

2015 年 12 月 31 日。江南已经进入冬季最为寒冷的日子,虽不见冰雪,却寒风凛冽。

我在法律顾问处的办公室里透着窗户向外望去,楼宇林立。

《黄帝内经》有云:"冬三月,此谓闭藏。水冰地坼,无扰乎阳。"这句话的大意是:冬季气候寒冷,草木凋零,是万物潜伏闭藏的季节。此时正是人体养藏的最好时刻,应注意保护阳气,养精蓄锐。

于是乎,闭目、养神……

"咚! 咚! 咚!"一阵敲门声响起,"张律师在吗?"

"请进!"

……

缘何难要？

"张律师，今年1月份，我朋友找我借钱，我借给他了，说好了月底还钱的，到现在都没还给我，连我的电话都不接了，短信也不回了，人都不在家住了，这可怎么办呐？"着一身冬常服的老耿着急得直冒汗。

"朋友欠钱不还，电话不接、短信不回，是挺急人呢！"我递了两张纸巾给他，接着说："你把事情经过详详细细、原原本本地说一遍，我们做个记录。"

"好的。事情是这样的，2015年元旦，一个地方上的朋友老林找到我，说他生意上资金周转困难，想借钱。我当时没答应，后来，他三番五次找我，我也是抹不开面子，就答应了。"

"嗯，什么时间、在什么地方借的呢？"

"1月10日，我们到另一个朋友老瑞家中，通过他家的POSE机转账了一部分，还有一部分是第二天到银行汇款的。"

我拿着银行转账凭条，算了算借款额，不吻合？

"两笔转账金额合计是56000元，而老林写的借条上是60000元，为什么？"

"那天，当着朋友们的面，他承诺，那是利息。"

"哦……你继续说，说完我们再一起分析这里面的法律要点，案件当中有预先在本金中扣除利息的问题。"

"从3月份开始，我就打电话、发短信给他，催他还钱，他要么说过个一两天能解决，要么说在外地谈业务，要么说在外地要账，让我再等十几天……就这样，一直拖着。从11月10日开始，老林就不接电话、不回短信了。现在，我就想起诉他。"

"起诉是可以的，我先把法律要点说一下，然后你回去把立案所需要的证据材料准备齐全……"

律师说"法"

民间借贷案件,诉讼请求大多是请求依法判令被告向原告偿还欠款,依法判令被告支付利息,依法判令被告承担案件的诉讼费用。

本案中,被告向原告借款 56000 元,被告向原告出具了借条,借条载明于 2015 年 1 月 24 日将该欠款还清。双方的借款约定真实、合法、有效,依法形成的借贷关系应当得到法律的保护。根据《合同法》第六十条第一款之规定"当事人应当按照约定全面履行自己的义务",被告到期应当还款却未还款,违反约定在先,原告要求被告偿还借款的诉讼请求既有事实依据也有法律依据,依法应当得到人民法院的支持。

此外,被告未按期还款,应当支付逾期利息,根据《合同法》第二百零七条之规定"借款人未按照约定的期限返还借款的,应当按照约定或国家有关规定支付逾期利息";最高人民法院《关于审理民间借贷案件适用法律若干问题的规定》第二十七条之规定"借据、收据、欠条等债权凭证载明的借款金额,一般认定为本金。预先在本金中扣除利息的,人民法院应当将实际出借的金额认定为本金";最高人民法院《关于审理民间借贷案件适用法律若干问题的规定》第二十九条第二款第(一)项之规定"未约定逾期利率或者约定不明的,人民法院可以区分不同情况处理:既未约定借期内的利率,也未约定逾期利率,出借人主张借款人自逾期还款之日起按照年利率 6% 支付资金占用期间利息的,人民法院应予支持"。

"隐身"的"老赖"

"老林跑了！这可怎么办啊？"

"不急，我有办法。为了对付这些"老赖"，法律是有规定的，在诉讼过程中，法院无法向被告送达诉讼文书，可以公告送达。"

不出所料，三周之后，我收到了法院的通知，"无法向被告送达诉讼文书……请你接本通知后七日内向本院提供被告准确送达地址，如无法提供的，则须在该期限内向本院交纳公告费606元，向被告公告送达诉讼文书。"

"隐身"也无妨，交纳公告费，公告送达，公告期满，开庭审理……

"隐身"的被告老林经法院传唤未到庭参加诉讼，视为放弃答辩。

三天后，我收到法院的民事判决书："依据《中华人民共和国合同法》第二百零六条、第二百零七条，最高人民法院《关于审理民间借贷案件适用法律若干问题的规定》第二十七条、第二十九条第二款第（一）项，《中华人民共和国民事诉讼法》第一百四十四条之规定，判决如下：被告应于本判决发生法律效力之日起十日内向原告支付借款本金56000元、自2015年1月25日起至实际给付之日止的逾期利息（按银行同期贷款利率计算，如该年利率超过6%的，按6%计算）。如果被告未按本判决指定的期间履行给付金钱义务，应当按照《中华人民共和国民事诉讼法》第二百五十三条之规定，加倍支付延迟履行期间的债务利息。案件受理费、公告费，由被告负担。"

现行法律规定

1.《合同法》第八条

依法成立的合同,对当事人具有法律约束力。当事人应当按照约定履行自己的义务,不得擅自变更或者解除合同。依法成立的合同,受法律保护。

2.《合同法》第一百九十七条

借款合同采用书面形式,但自然人之间借款另有约定的除外。借款合同的内容包括借款种类、币种、用途、数额、利率、期限和还款方式等条款。

3.《合同法》第二百条

借款的利息不得预先在本金中扣除。利息预先在本金中扣除的,应当按照实际借款数额返还借款并计算利息。

4.《合同法》第二百零五条

借款人应当按照约定的期限支付利息。对支付利息的期限没有约定或者约定不明确,依照本法第六十一条的规定仍不能确定,借款期间不满一年的,应当在返还借款时一并支付;借款期间一年以上的,应当在每届满一年时支付,剩余期间不满一年的,应当在返还借款时一并支付。

5.《合同法》第二百零六条

借款人应当按照约定的期限返还借款。对借款期限没有约定或者约定不明确,依照本法第六十一条的规定仍不能确定的,借款人可以随时返还;贷款人可以催告借款人在合理期限内返还。

6.《合同法》第二百零七条

借款人未按照约定的期限返还借款的,应当按照约定或者国家有关规定支付逾期利息。

7.《合同法》第二百一十一条

自然人之间的借款合同对支付利息没有约定或者约定不明确的,视为不支付利息。

自然人之间的借款合同约定支付利息的,借款的利率不得违反国家有关限制借款利率的规定。

8. 最高人民法院《关于审理民间借贷案件适用法律若干问题的规定》第二条

出借人向人民法院起诉时,应当提供借据、收据、欠条等债权凭证以及其他能够证明借贷法律关系存在的证据。

当事人持有的借据、收据、欠条等债权凭证没有载明债权人,持有债权凭证的当事人提起民间借贷诉讼的,人民法院应予受理。被告对原告的债权人资格提出有事实依据的抗辩,人民法院经审理认为原告不具有债权人资格的,裁定驳回起诉。

9. 最高人民法院《关于审理民间借贷案件适用法律若干问题的规定》第九条

具有下列情形之一,可以视为具备合同法第二百一十条关于自然人之间借款合同的生效要件:

(一)以现金支付的,自借款人收到借款时;

(二)以银行转账、网上电子汇款或者通过网络贷款平台等形式支付的,自资金到达借款人账户时;

(三)以票据交付的,自借款人依法取得票据权利时;

(四)出借人将特定资金账户支配权授权给借款人的,自借款人取得对该账户实际支配权时;

(五)出借人以与借款人约定的其他方式提供借款并实际履行完成时。

10. 最高人民法院《关于审理民间借贷案件适用法律若干问题的规定》第十四条

具有下列情形之一,人民法院应当认定民间借贷合同无效:

（一）套取金融机构信贷资金又高利转贷给借款人，且借款人事先知道或者应当知道的；

（二）以向其他企业借贷或者向本单位职工集资取得的资金又转贷给借款人牟利，且借款人事先知道或者应当知道的；

（三）出借人事先知道或者应当知道借款人借款用于违法犯罪活动仍然提供借款的；

（四）违背社会公序良俗的；

（五）其他违反法律、行政法规效力性强制性规定的。

11. 最高人民法院《关于审理民间借贷案件适用法律若干问题的规定》第十六条

原告仅依据借据、收据、欠条等债权凭证提起民间借贷诉讼，被告抗辩已经偿还借款，被告应当对其主张提供证据证明。被告提供相应证据证明其主张后，原告仍应就借贷关系的成立承担举证证明责任。

被告抗辩借贷行为尚未实际发生并能作出合理说明，人民法院应当结合借贷金额、款项交付、当事人的经济能力、当地或者当事人之间的交易方式、交易习惯、当事人财产变动情况以及证人证言等事实和因素，综合判断查证借贷事实是否发生。

12. 最高人民法院《关于审理民间借贷案件适用法律若干问题的规定》第十七条

原告仅依据金融机构的转账凭证提起民间借贷诉讼，被告抗辩转账系偿还双方之前借款或其他债务，被告应当对其主张提供证据证明。被告提供相应证据证明其主张后，原告仍应就借贷关系的成立承担举证证明责任。

13. 最高人民法院《关于审理民间借贷案件适用法律若干问题的规定》第十八条

根据《关于适用〈中华人民共和国民事诉讼法〉的解释》第一百七十四条第二款之规定，负有举证证明责任的原告无正当理由拒不到庭,经审查现有证据无法确认借贷行为、借贷金额、支付方式等案件主要事实,人民法院对其主张的事实不予认定。

14. 最高人民法院《关于审理民间借贷案件适用法律若干问题的规定》第十九条

人民法院审理民间借贷纠纷案件时发现有下列情形,应当严格审查借贷发生的原因、时间、地点、款项来源、交付方式、款项流向以及借贷双方的关系、经济状况等事实,综合判断是否属于虚假民事诉讼:

(一) 出借人明显不具备出借能力;

(二) 出借人起诉所依据的事实和理由明显不符合常理;

(三) 出借人不能提交债权凭证或者提交的债权凭证存在伪造的可能;

(四) 当事人双方在一定期间内多次参加民间借贷诉讼;

(五) 当事人一方或者双方无正当理由拒不到庭参加诉讼,委托代理人对借贷事实陈述不清或者陈述前后矛盾;

(六) 当事人双方对借贷事实的发生没有任何争议或者诉辩明显不符合常理;

(七) 借款人的配偶或合伙人、案外人的其他债权人提出有事实依据的异议;

(八) 当事人在其他纠纷中存在低价转让财产的情形;

(九) 当事人不正当放弃权利;

(十) 其他可能存在虚假民间借贷诉讼的情形。

15. 最高人民法院《关于审理民间借贷案件适用法律若干问题的规定》第二十一条

他人在借据、收据、欠条等债权凭证或者借款合同上签字或者盖章,但未表明其保证人身份或者承担保证责任,或者通过其他事实不能推定其为保证人,出借人请求其承担保证责任的,人民法院不予支持。

16. 最高人民法院《关于审理民间借贷案件适用法律若干问题的规定》第二十五条

借贷双方没有约定利息,出借人主张支付借期内利息的,人民法院不予支持。

自然人之间借贷对利息约定不明,出借人主张支付利息的,人民法院不予支持。除自然人之间借贷的外,借贷双方对借贷利息约定不明,出借人主张利息的,人民法院应当结合民间借贷合同的内容,并根据当地或者当事人的交易方式、交易习惯、市场利率等因素确定利息。

17. 最高人民法院《关于审理民间借贷案件适用法律若干问题的规定》第二十六条

借贷双方约定的利率未超过年利率24%,出借人请求借款人按照约定的利率支付利息的,人民法院应予支持。

借贷双方约定的利率超过年利率36%,超过部分的利息约定无效。借款人请求出借人返还已支付的超过年利率36%部分的利息的,人民法院应予支持。

18. 最高人民法院《关于审理民间借贷案件适用法律若干问题的规定》第二十七条

借据、收据、欠条等债权凭证载明的借款金额,一般认定为本金。预先在本金中扣除利息的,人民法院应当将实际出借的金额认定为本金。

19. 最高人民法院《关于审理民间借贷案件适用法律若干问题的规定》第二十八条

借贷双方对前期借款本息结算后将利息计入后期借款本金并重新出具债权凭证,如果前期利率没有超过年利率24%,重新出具的债权凭证载明的金额可认定为后期借款本金;超过部分的利息不能计入后期借款本金。约定的利率超过年利率24%,当事人主张超过部分的利息不能计入后期借款本金的,人民法院应予支持。

按前款计算,借款人在借款期间届满后应当支付的本息之和,不能超过最初借款本金与以最初借款本金为基数,以年利率24%计算的整个借款期间的利息之和。出借人请求借款人支付超过部分的,人民法院不予支持。

20. 最高人民法院《关于审理民间借贷案件适用法律若干问题的规定》第二十九条

借贷双方对逾期利率有约定的,从其约定,但以不超过年利率24%为限。

未约定逾期利率或者约定不明的,人民法院可以区分不同情况处理:

(一) 既未约定借期内的利率,也未约定逾期利率,出借人主张借款人自逾期还款之日起按照年利率6%支付资金占用期间利息的,人民法院应予支持;

(二) 约定了借期内的利率但未约定逾期利率,出借人主张借款人自逾期还款之日起按照借期内的利率支付资金占用期间利息的,人民法院应予支持。

21. 最高人民法院《关于审理民间借贷案件适用法律若干问题的规定》第三十条

出借人与借款人既约定了逾期利率,又约定了违约金或者其他费用,出借人可以选择主张逾期利息、违约金或者其他费用,也可以一并主张,但总计超过年利率24%的部分,人民法院不予支持。

22. 最高人民法院《关于审理民间借贷案件适用法律若干问题的规定》第三十一条

没有约定利息但借款人自愿支付,或者超过约定的利率自愿支付利息或违约金,且没有损害国家、集体和第三人利益,借款人又以不当得利为由要求出借人返还的,人民法院不予支持,但借款人要求返还超过年利率36%部分的利息除外。

23.《民事诉讼法》第二十一条

对公民提起的民事诉讼,由被告住所地人民法院管辖;被告住所地与经常居住地不一致的,由经常居住地人民法院管辖。

对法人或者其他组织提起的民事诉讼,由被告住所地人民法院管辖。

同一诉讼的几个被告住所地、经常居住地在两个以上人民法院辖区的,各该人民法院都有管辖权。

24.《民事诉讼法》第八十四条

受送达人下落不明,或者用本节规定的其他方式无法送达的,公告送达。自发出公告之日起,经过六十日,即视为送达。

公告送达,应当在案卷中记明原因和经过。

25.《民事诉讼法》第一百四十四条

被告经传票传唤,无正当理由拒不到庭的,或者未经法庭许可中途退庭的,可以缺席判决。

26.《民事诉讼法》第二百四十二条

被执行人未按执行通知履行法律文书确定的义务,人民法院有权向有关单位查询被执行人的存款、债券、股票、基金份额等财产情况。人民法院有权根据不同情形扣押、冻结、划拨、变价被执行人的财产。人民法院查询、扣押、冻结、划拨、变价的财产不得超出被执行人应当履行义务的范围。

人民法院决定扣押、冻结、划拨、变价财产,应当作出裁定,并发出协助执行通知书,有关单位必须办理。

27.《民事诉讼法》第二百四十三条

被执行人未按执行通知履行法律文书确定的义务,人民法院有权扣留、提取被执行人应当履行义务部分的收入。但应当保留被执行人及其所扶养家属的生活必需费用。

人民法院扣留、提取收入时,应当作出裁定,并发出协助执行通知书,被执行人所在单位、银行、信用合作社和其他有储蓄业务的单位必须办理。

28.《民事诉讼法》第二百四十四条

被执行人未按执行通知履行法律文书确定的义务,人民法院有权查封、扣押、冻结、拍卖、变卖被执行人应当履行义务部分的财产。但应当保留被执行人及其所扶养家属的生活必需品。

采取前款措施,人民法院应当作出裁定。

维权后话

2015 年,我接到的关于民间借贷法律问题的电话、短信、微信咨询量骤然增加。分析发现,这些民间借贷法律问题往往掺杂着友情、亲情和爱情,当事人双方彼此熟识,通常是朋友关系、亲属关系或恋人关系。这一年,接待的咨询人当中半数以上的出借人仅能提供内容简单的借条、欠条等单一证据,关于借款的原因、款项交付的过程、是否部分还款等情况,缺乏证据支持。部分出借人过于看中高额回报,只考虑以远高于银行存款利息的方式来获取高额利润,而忽视风险防范,对借款人的借款用途、还款能力等未予以考量,导致本金和利息均得不到偿还。部分出借人没有认识到借贷手续的重要性,对借款主体、借款用途、利息约定和还款时间等内容未约定或约定不明,有的案件甚至连借据都没有,以致隐患重重。为了避免纠纷,维护合法权益,以下几点值得关注。

1. 明确借款用途。千万不要为求高利,将钱款借给他人用于违法犯罪活动。高利息意味着高风险,如果明知他人将借款用于违法犯罪活动而出借的,该还款请求将得不到法院支持。比如,在赌场向他人出借钱款。据不完全统计,年利率超过 24% 的民间借贷案件中,有半数以上的借款人无偿还能力。因此,建议出借人考量借款人的信用和偿还能力,并可要求借款人提供担保。

2. 保留借款凭证。借据(借条)是主张债权的主要凭证,出借钱款应当让借款人出具借据。但是,实践当中,有些出借人认为大家是好朋友、好哥们儿、恋人、老乡或亲戚,碍于情面,没有让借款人书写借条,一旦发生纠纷,其还款请求往往得不到法院支持。一位咨询人说:"我通过银行转账的方式打款的话,我有银行凭条还有银行短信通知,没必要让对方写借条吧?"当然要写,因为打款凭证只能证明该笔款项已交付,不能证明款项的性质,如果对方主张你曾经欠他钱,现在这笔款项是用于偿还那笔借款的,那么,仅凭打款凭证来主张债权就很难得到法院支持。

3. 注重借据书写。实践中,部分案件的借据书写不规范,内容太简单,只有借款金额和借款人;部分案件的借据对还款时间约定不明确,例如还款时间为"过年前后""拆迁以后";部分案件的借据对利息的约定不明确或不合法,例如"利息为10%",另外,超过年利率24%的利息不受法院保护,超过年利率36%的利息不合法。这里根据《中华人民共和国合同法》《最高人民法院关于审理民间借贷案件使用法律若干问题的规定》等法律法规及法律实务案例,提供借条范本,供参考。

借　条[1]

为购买家用汽车[2],今收到赵前[3](身份证号码:321112××××××××××××)以现金[4]出借的￥10000.00元(人民币壹万元整)[5],借期柒个月,月利率6‰(仟分之陆)[6],贰零壹陆年玖月壹日到期时本息一并还清。如到期未还清,愿意按月利率10‰(仟分之拾)计付逾期利息。立此为据。

借款人:孙里[7]

(身份证号码:321112×××××××××××××)

贰零壹陆年贰月壹日

备注：

［1］"借条"表明性质，由借款人全文手写较为妥当。

［2］"为……"表明借款的目的，以防诉讼中借款人抗辩该笔款项是用于赌博或分手费等。

［3］书写出借人的全名，应与身份证上记载的名字相一致。

［4］注明"现金""银行转账"或"支付宝转账"等出借方式。

［5］借款金额既要写阿拉伯数字，也要写汉字大写数字，同时明确币种。

［6］利率应写清年利率或月利率，年利率24%是司法保护范围，年利率36%是自然约定范围。

［7］借款人的姓名应与身份证记载的相一致并附身份证号码或身份证复印件。同时，由借款人在手写的姓名上摁手印。

老吾老以及人之老

如何维护老年人合法权益问题

百善孝为先。

《三字经》曰:"香九龄,能温席。"这个故事是说,东汉时期,有一个叫黄香的小孩,9岁时他母亲就去世了,剩下体弱的父亲和他相依为命。他知道父亲养育自己的艰辛,因而对父亲十分孝顺。夏天,天气炎热,黄香每天晚上都要先把父亲蚊帐里的蚊子驱走,再用扇子为父亲把床上的凉席扇凉,以使父亲安然入睡。冬天,天气寒冷,黄香每晚都要先上床,用自己的体温把被褥焐热,以免父亲受凉。不仅如此,黄香在学业上还十分出色,方得"天下无双,江夏黄香"之赞誉。"孝"居百行之先,是中华传统文化一直提倡的美德。

生我者,才是父母?

老齐,厚重的镜片、沧桑的眼神,眉宇间杂着愁苦,两鬓斑白,一身素衣，坐在我面前。

"我听说法律援助专门为经济困难的人提供无偿法律服务，我要找你们帮我打官司，我要告我的女儿，虽然她不是我们夫妻俩亲生的，你晓得吧，她出生第三天我们就收养她了，我养她小、她却不肯养我老……"

"是的，法律援助是由政府设立的法律援助机构，组织法律援助的律师为经济困难或特殊案件的人给予无偿提供法律服务的一项法律保障制度。根据《中华人民共和国法律援助条例》的规定，你请求给付赡养费，是可以申请法律援助的。你先把详细情况和我们说说吧。"

"我经常给养女晓阳说：'爸爸妈妈没有本事，不能给你优越的生活，也不能给你丰厚的嫁妆，你的工资自己存着，家里开销都是爸爸妈妈来。'那些年，日子过得不好不坏。"沉浸在回忆中，他露出一丝微笑。

"2014年1月，我的老伴儿去世，家里的生活开销就靠我在政府公益性岗位安排的停车场看管拿到的1000多元工资。"（注：政府购买岗位或支持、引导多渠道出资，符合公共利益，安置大龄下岗失业困难人员再就业的岗位，概括起来有三类，一是社区管理岗位，包括社区劳动保障协管员、交通执勤、市场管理、环境管理、物业管理等。二是社区服务岗位，包括社区保安、卫生保洁、环境绿化、停车场管理、公用设施维护、报刊亭、电话亭、社区文化、教育体育、保健、托老、托幼服务等。三是社区内单位的后勤岗位，包括机关事业单位的门卫、收发、后勤服务等临时用工岗位。）

老齐拽了拽衣角，接着说："当年年底，晓阳新交了一个男朋友，那个男孩没有工作、父母离异，我不是很支持，然后，我们父女之间就产生矛盾了。"

"2015年3月份，我住院了，因为患有冠心病、高血压（极高危）、食管裂孔疝，在医院做冠状动脉支架植入术。住院那段时间，晓阳对我不闻不问。出院缴费那天，我实在拿不出钱了，就找晓阳拿了10000元用来缴纳住院费用，也就是因为这件事，晓阳和我的关系进一步恶化。后来,她从家里搬出去了。我找过她几次,我说最近因为生病,虽然是公益性岗位,但是休息、请病假等情况都没有工资收入,没有钱买药了,你不能这样对我不管不顾……"

"晓阳在什么单位工作啊?收入如何?"

"我女儿工作很好的,在市区的一家三甲医院工作,收入不低,具体多少还真的没有问过。"看得出来,老齐为女儿有出息、有份好工作而骄傲。

"你现在一个月吃药要多少钱?"

"出院的时候,医生嘱咐我心内科门诊随诊,定期复查,长期服药,每个月要几百块钱呢。"

"如果诉讼,你主张的赡养费需要多少呢?"

"姑娘自己也要生活,还没有成家,需要点积蓄,我要 500 元一个月吧。"

律师说"法"

《中华人民共和国婚姻法》第二十一条规定,子女对父母有赡养扶助的义务……子女不履行赡养义务时,无劳动能力或生活困难的父母,有要求子女付给赡养费的权利。子女对父母的赡养义务,不仅发生在婚生子女与父母间,而且也发生在非婚生子女与生父母间、养子女与养父母间和继子女与履行了扶养教育义务的继父母之间,还有其他依法负有赡养义务的人,主要是指老年人的孙子女、外孙子女。

如果父母无力抚养幼年时的子女,子女独立后是否应当履行赡养义务?虽然婚姻法意义上父母子女间有互相扶养的对等的权利义务,但这并不是说这两个权利必须是"等价交换"的,子女不能将父母是否对其履行了抚养教育义务作为自己履行赡养父母义务的前提。因此,子女对老年父母的赡养义务不得以此为由而解除。

　　如果父母存在一些错误的行为给子女造成心灵、身体伤害,子女是否有赡养老年父母的义务? 父母在抚养子女的过程中曾经出现的一些一般性错误行为给子女造成心灵伤害的,子女成年之后,仍应当自觉履行赡养老年父母的义务。但是,如果父母犯有严重伤害子女感情和身心健康的罪行的,原则上丧失了要求被害子女赡养的权利。例如,故意杀害子女,虐待、遗弃子女等。

　　如果有多个子女,如何分担赡养义务? 父母有多个子女的,应当共同承担赡养扶助父母的义务。每位子女承担义务的多少,应当根据各个子女的生活、经济条件进行协商。子女不能以父母对其年幼时的关心、疼爱程度或者结婚时资助的多少作为砝码来衡量赡养扶助义务的多少。至于赡养方式,可视具体情况而定,对于不在父母身边的子女,可定期支付一定数额的赡养费;与父母共同生活的子女还应当经常关心、照料父母的生活;当父母由于生病,生活不能自理时,子女除应分担为其治病所需的医药费、手术费、住院费等外,还应承担照顾、护理父母的义务。此外,子女赡养父母是法定义务,不以"分家析产"为条件,不受父母有无财产、是否分过家及分家是否公平的影响。

　　如果儿子(女儿)去世了,儿媳(女婿)是否有赡养公婆(岳父母)的义务? 儿媳(女婿)与公婆(岳父母)的关系是因婚姻而成立的姻亲关系。儿子(女儿)去世后,因儿子(女儿)与媳妇(女婿)的婚姻关系消灭而使得儿媳(女婿)与公婆(岳父母)的姻亲关系亦不复存在。儿媳(女婿)是否承担赡养公婆(岳父母)的义务,我国法律未作明确规定。因此,不能强令儿媳(女婿)承担此项义务。

　　赡养费如何计算呢? 一般来说,赡养费的给付内容分六个方面:(1)老年人的基本赡养费;(2)老年人的生病治疗费用;(3)生活不能自理老人的护理费用;(4)老年人的住房费用;(5)必要的精神消费支出;(6)必要的保险金费用。人民法院认定赡养费的标准包括:当地的经济水平、被赡养人的实际需求、赡养人的经济能力。首先计算子女家庭的人均月收入,子女人均月收入低于最低生活保障线时,视为该子女无力向父母提供赡养费。

子女能够提供赡养费的,其应付的赡养费除以被赡养人数得出付给每个被赡养人的赡养费。

《中华人民共和国老年人权益保障法》第十四条规定,赡养人应当履行对老年人经济上供养、生活上照料和精神上慰藉的义务,照顾老年人的特殊需要。第十五条规定,赡养人应当使患病的老年人及时得到治疗和护理;对经济困难的老年人,应当提供医疗费用。第十八条规定,家庭成员应当关心老年人的精神需求,不得忽视、冷落老年人。与老年人分开居住的家庭成员,应当经常看望或者问候老年人。也就是说,完整的赡养义务包括经济供养、生活照料、精神慰藉三个方面。

具体来说,赡养人应当妥善安排老年人的住房,不得强迫老年人迁居条件低劣的房屋。老年人自有的或者承租的住房,子女或者其他亲属不得侵占,不得擅自改变产权或者租赁关系。老年人的自有住房,赡养人有维修的义务。赡养人不得要求老年人承担力不能及的劳动。赡养人不得以放弃继承权或者其他理由,拒绝履行赡养义务。赡养人不履行赡养义务,老年人有要求赡养人付给赡养费的权利。老年人的婚姻自由受法律保护。子女或者其他亲属不得干涉老年人离婚、再婚及婚后生活。赡养人不得因老年人的婚姻变化而消除赡养义务。子女不仅要赡养父母,而且要尊敬父母、关心父母,在家庭生活中的各方面给予扶助。当父母年老、体弱、病残时,子女更应妥善加以照顾,使他们在感情上得到慰藉,以安度晚年。

本案原告老齐,年老且患病,劳动能力受损严重,无相对固定的经济来源。被告晓阳从家中搬出,不愿意承担照顾生病父亲的责任,显然不合法。作为唯一的赡养义务人,她应当给付赡养费用并承担部分医疗费用。

老齐维护自身合法权益的途径有哪些?晓阳不赡养老齐,不履行赡养义务须承担的法律责任有哪些?通常,权利人可以通过有关部门进行调解或者向人民法院提起诉讼。人民法院在处理赡养纠纷时,应当坚持保护老年人的合法权益的原则,通过调解或者判决使子女依法履行赡养义务。对负有赡养义务而拒绝赡养,情节恶劣构成遗弃罪的,应当承担刑事责任。

现行法律规定

1.《江苏省法律援助条例》第二章第十条

公民对下列需要代理的事项,因经济困难没有委托代理人的,可以向法律援助机构申请法律援助:

(一)请求国家赔偿的;

(二)请求给予社会保险待遇或者最低生活保障待遇的;

(三)请求发给抚恤金、救济金的;

(四)请求给付赡养费、抚养费、扶养费的;

(五)请求支付劳动报酬或者因劳动关系请求经济补偿、赔偿的;

(六)因身体遭受严重损害请求赔偿的;

(七)因遭受家庭暴力、虐待或者遗弃要求变更或者解除收养、监护关系的;

(八)因遭受家庭暴力、虐待、遗弃、对方重婚或者有配偶者与他人同居的受害方要求离婚的;

(九)国家和省规定的其他事项。

2.《江苏省法律援助条例》第二章第十一条

刑事诉讼中有下列情形之一的,公民可以向法律援助机构申请法律援助:

(一)犯罪嫌疑人在被侦查机关第一次讯问后或者采取强制措施之日起因经济困难没有聘请律师的;

(二)公诉案件中的被害人及其法定代理人或者近亲属,自案件移送审查起诉之日起,因经济困难没有委托诉讼代理人的;

(三)自诉案件的自诉人和被告人及其法定代理人,因经济困难没有委托诉讼代理人的。

3.《江苏省法律援助条例》第二章第十二条

有下列情形之一的,法律援助机构应当为其提供法律援助,并无需进行经济状况审查:

(一)被告人是盲、聋、哑或者未成年人,没有委托辩护人,人民法院为其指定辩护的;

(二)被告人可能被判处死刑,没有委托辩护人,人民法院为其指定辩护的;

(三)主张因见义勇为或者保护社会公共利益的行为而产生的民事权益的。

公诉人出庭公诉的案件,被告人因经济困难或者其他原因没有委托辩护人的,人民法院为被告人指定辩护时,法律援助机构应当提供法律援助。

4.《中华人民共和国老年人权益保障法》第十三条

老年人养老以居家为基础,家庭成员应当尊重、关心和照料老年人。

5.《中华人民共和国老年人权益保障法》第十四条

赡养人应当履行对老年人经济上供养、生活上照料和精神上慰藉的义务,照顾老年人的特殊需要。

赡养人是指老年人的子女以及其他依法负有赡养义务的人。

赡养人的配偶应当协助赡养人履行赡养义务。

6.《中华人民共和国老年人权益保障法》第十五条

赡养人应当使患病的老年人及时得到治疗和护理;对经济困难的老年人,应当提供医疗费用。

对生活不能自理的老年人,赡养人应当承担照料责任;不能亲自照料的,可以按照老年人的意愿委托他人或者养老机构等照料。

7.《中华人民共和国老年人权益保障法》第十六条

赡养人应当妥善安排老年人的住房,不得强迫老年人居住或者迁居条件低劣的房屋。

老年人自有的或者承租的住房,子女或者其他亲属不得侵占,不得擅自改变产权关系或者租赁关系。

老年人自有的住房,赡养人有维修的义务。

8.《中华人民共和国老年人权益保障法》第十七条

赡养人有义务耕种或者委托他人耕种老年人承包的田地,照管或者委托他人照管老年人的林木和牲畜等,收益归老年人所有。

9.《中华人民共和国老年人权益保障法》第十八条

家庭成员应当关心老年人的精神需求,不得忽视、冷落老年人。

与老年人分开居住的家庭成员,应当经常看望或者问候老年人。

用人单位应当按照国家有关规定保障赡养人探亲、休假的权利。

10.《中华人民共和国老年人权益保障法》第十九条

赡养人不得以放弃继承权或者其他理由,拒绝履行赡养义务。

赡养人不履行赡养义务,老年人有要求赡养人付给赡养费等权利。

赡养人不得要求老年人承担力不能及的劳动。

11.《中华人民共和国老年人权益保障法》第二十条

经老年人同意,赡养人之间可以就履行赡养义务签订协议。赡养协议的内容不得违反法律的规定和老年人的意愿。

基层群众性自治组织、老年人组织或者赡养人所在单位监督协议的履行。

12.《中华人民共和国老年人权益保障法》第二十一条

老年人的婚姻自由受法律保护。子女或者其他亲属不得干涉老年人离婚、再婚及婚后的生活。

赡养人的赡养义务不因老年人的婚姻关系变化而消除。

13.《中华人民共和国老年人权益保障法》第二十二条

老年人对个人的财产，依法享有占有、使用、收益和处分的权利，子女或者其他亲属不得干涉，不得以窃取、骗取、强行索取等方式侵犯老年人的财产权益。

老年人有依法继承父母、配偶、子女或者其他亲属遗产的权利，有接受赠与的权利。子女或者其他亲属不得侵占、抢夺、转移、隐匿或者损毁应当由老年人继承或者接受赠与的财产。

老年人以遗嘱处分财产，应当依法为老年配偶保留必要的份额。

14.《中华人民共和国老年人权益保障法》第二十三条

老年人与配偶有相互扶养的义务。

由兄、姐扶养的弟、妹成年后，有负担能力的，对年老无赡养人的兄、姐有扶养的义务。

15.《中华人民共和国老年人权益保障法》第二十四条

赡养人、扶养人不履行赡养、扶养义务的，基层群众性自治组织、老年人组织或者赡养人、扶养人所在单位应当督促其履行。

16.《中华人民共和国老年人权益保障法》第二十五条

禁止对老年人实施家庭暴力。

17.《中华人民共和国老年人权益保障法》第二十六条

具备完全民事行为能力的老年人，可以在近亲属或者其他与自己关系密切、愿意承担监护责任的个人、组织中协商确定自己的监护人。监护人在老年人丧失或者部分丧失民事行为能力时，依法承担监护责任。

老年人未事先确定监护人的,其丧失或者部分丧失民事行为能力时,依照有关法律的规定确定监护人。

18.《中华人民共和国老年人权益保障法》第七十二条

老年人合法权益受到侵害的,被侵害人或者其代理人有权要求有关部门处理,或者依法向人民法院提起诉讼。

人民法院和有关部门,对侵犯老年人合法权益的申诉、控告和检举,应当依法及时受理,不得推诿、拖延。

19.《中华人民共和国老年人权益保障法》第七十三条

不履行保护老年人合法权益职责的部门或者组织,其上级主管部门应当给予批评教育,责令改正。

国家工作人员违法失职,致使老年人合法权益受到损害的,由其所在单位或者上级机关责令改正,或者依法给予处分;构成犯罪的,依法追究刑事责任。

20.《中华人民共和国老年人权益保障法》第七十四条

老年人与家庭成员因赡养、扶养或者住房、财产等发生纠纷,可以申请人民调解委员会或者其他有关组织进行调解,也可以直接向人民法院提起诉讼。

人民调解委员会或者其他有关组织调解前款纠纷时,应当通过说服、疏导等方式化解矛盾和纠纷;对有过错的家庭成员,应当给予批评教育。

人民法院对老年人追索赡养费或者扶养费的申请,可以依法裁定先予执行。

21.《中华人民共和国老年人权益保障法》第七十五条

干涉老年人婚姻自由,对老年人负有赡养义务、扶养义务而拒绝赡养、扶养,虐待老年人或者对老年人实施家庭暴力的,由有关单位给予批评教育;构成违反治安管理行为的,依法给予治安管理处罚;构成犯罪的,依法追究刑事责任。

维权后话

"尊老爱幼是中华民族的传统美德",这句话,三岁孩童已然常挂在嘴边。尊老敬老,是社会对每个人的道德要求,也是法律给每个人规定的法定义务。

养父母子女关系以收养为前提。收养,是领养他人子女为自己子女的民事法律行为,使原来没有父母子女关系的人们之间产生法律拟制的父母子女关系。收养关系一经成立,养子女和养父母之间的关系与亲生父母子女之间的关系基本相同。

正如老齐所说,"我养你小,你养我老",养父母对养子女尽了抚养义务,养子女对养父母应当尽赡养义务。

本案中,承办法官和双方律师做了大量的工作,充分调动双方的社会支持系统,以法服人、以理示人、以情感人,最终顺利调解结案。

幼吾幼以及人之幼

如何追索非婚生子女抚养费问题

我有一个家
幸福的家
爸爸妈妈还有我
从来不吵架
爸爸去挣钱呀妈妈管养家
三人相爱一样深
我最最听话

我有一个家
快乐的家
爸爸妈妈还有我
常一起玩耍

爸爸的主意大呀妈妈管着他

我们三人一条心

什么都不怕

我没有家……

晓言，一位长相清秀的小姑娘，一声"律师阿姨好"，轻轻的、弱弱的……

眼前这位小姑娘和我儿子一般大，却比他懂事沉稳得多。

在与晓言妈妈交谈的过程中，我同时问了晓言一些问题，她用一贯弱弱的语调回答。但她那一句"我没有家！没有爸爸！"却说得异常高亢。

"晓言，我看到你的《素质发展报告书》了，你很优秀！老师们都很喜欢你。"我对一旁的晓言说。

"晓言妈妈，我们让晓言到对面办公室看漫画书吧，咱们慢慢谈。"

"孩子很懂事，看得出，你付出了很多，孩子培养得很好。"我边走边说。

"谢谢张律师！晓言的爸爸在我老家打工，我俩认识后，自由恋爱，当时因为我年龄小，没有办理结婚登记，只是在老家办了酒席。后来，我怀孕了，就到他老家待产，晓言是在他老家出生的。出生后不久，他说老家活难找，他姐夫在外地承包水电工程，他想跟着他姐夫出去打工。家人商量了，都很支持。我就带着晓言和他一起出来了，他出去打工，我在出租屋照顾孩子。晓言满周岁之后，他把我和孩子送回我老家，独自跟着他姐夫打工。从那以后，他就没有管过我和孩子。后来，孩子要上学，我又带着孩子来找他，他让我自己安顿下来，说等有钱了，会补贴孩子的。"晓言妈妈说。

"你和晓言爸爸一直没有补领结婚证？"

"没有。"

"晓言爸爸现在收入如何,你知道吗?"

"他是做水电安装维修的,平时维修业务较多,我在他的微信里面截取了一部分装修的图片。"

……

"晓言妈妈,我们都是母亲,说实在的,我听到晓言说没有家、没有爸爸的时候,我的心都揪起来了,虽然你和晓言爸爸没有领结婚证,但是晓言和爸爸之间的血缘关系是割舍不了的。何况我国《婚姻法》规定了非婚生子女享有与婚生子女同等的权利。所以,咱们以后一起关注晓言的情绪,慢慢转变她对爸爸、对家的认知,好吗?"

"张律师,我懂你的意思,以前我的确有做得不妥的地方,让孩子有了很大的心理压力,我会慢慢改……"

第一次庭审之后……

第一次开庭审理之后,晓言妈妈打来电话。

"张律师,我打算撤诉了。"

"为什么?"

"开庭的时候,看到他,真的感觉他老了很多,一点都不像壮年劳力。听他说现在身体不好,一直看病、吃药,他儿子还有先天性心脏病,做手术还需要一大笔费用,我也不忍心了……"

"嗯,我们这次法律援助代理权限为一般代理,就是说我不能代为承认、放弃、变更诉讼请求等特别授权事项。你是晓言的法定代理人,既然你已经决定了,我尊重你的决定。"

"是的,我和法官也沟通过了,暂时不诉讼了。"

律师说"法"

根据《中华人民共和国婚姻法》第二十一条之规定,父母对子女有抚养教育的义务。父母不履行抚养义务时,未成年的或不能独立生活的子女,有要求父母给付抚养费的权利。"不能独立生活的子女",是指尚在校接受高中及以下学历教育,丧失或未完全丧失劳动能力等非因主观原因而无法维持正常生活的成年子女。"抚养费"包括子女生活费、教育费、医疗费等费用。

根据《中华人民共和国婚姻法》第二十五条之规定,非婚生子女享有与婚生子女同等的权利,任何人不得加以危害和歧视。不直接抚养非婚生子女的生父或生母,应当负担子女的生活费和教育费,直至子女能独立生活为止。

抚养费的数额,参照《关于人民法院审理离婚案件处理子女抚养问题的若干具体意见》第七条之规定,根据子女的实际需要、父母双方的负担能力和当地的实际生活水平确定。如果不实际抚养的一方有固定收入,一般按其月总收入的20%~30%支付抚养费。负担两个以上子女抚养费的,比例可适当提高,一般不超过50%。"月总收入"指工资总额,包括工资、奖金等。如果不实际抚养子女的一方没有固定收入,一般结合所在地当年总收入或同行业平均收入按照相应的比例计算。有特殊情况的,可适当提高或降低上述比例。

一般情况下,抚养费应定期给付,有条件的可一次性给付。如果一方无经济收入或者下落不明的,可用其财物折抵子女抚养费。父母双方可以协议子女随一方生活并由抚养方负担子女全部抚养费。但经查实,抚养方的抚养能力明显不能保障子女所需费用,影响子女健康成长的,不予准许。

抚养费的给付期限,一般至子女十八周岁为止。但是,子女年满十六周岁、不满十八周岁,以其劳动收入为主要生活来源,并能维持当地一般生活水平的,父母可停止给付抚养费。

现行法律规定

1.《中华人民共和国婚姻法》第六条

结婚年龄,男不得早于二十二周岁,女不得早于二十周岁。晚婚晚育应予鼓励。

2.《中华人民共和国婚姻法》第八条

要求结婚的男女双方必须亲自到婚姻登记机关进行结婚登记。符合本法规定的,予以登记,发给结婚证。取得结婚证,即确立夫妻关系。未办理结婚登记的,应当补办登记。

3.《中华人民共和国婚姻法》第二十一条

父母对子女有抚养教育的义务。

父母不履行抚养义务时,未成年的或不能独立生活的子女,有要求父母付给抚养费的权利。

4.《中华人民共和国婚姻法》第二十五条

非婚生子女享有与婚生子女同等的权利,任何人不得加以危害和歧视。

不直接抚养非婚生子女的生父或生母,应当负担子女的生活费和教育费,直至子女能独立生活为止。

5.《最高人民法院关于适用〈中华人民共和国婚姻法〉若干问题的解释(一)》第二十条

《婚姻法》第二十一条规定的"不能独立生活的子女",是指尚在校接受高中及其以下学历教育,或者丧失或未完全丧失劳动能力等非因主观原因而无法维持正常生活的成年子女。

6.《最高人民法院关于适用〈中华人民共和国婚姻法〉若干问题的解释(一)》第二十一条

《婚姻法》第二十一条所称"抚养费",包括子女生活费、教育费、医疗费等费用。

7.《最高人民法院关于适用〈中华人民共和国婚姻法〉若干问题的解释(三)》第二条

夫妻一方向人民法院起诉请求确认亲子关系不存在,并已提供必要证据予以证明,另一方没有相反证据又拒绝做亲子鉴定的,人民法院可以推定请求确认亲子关系不存在一方的主张成立。

当事人一方起诉请求确认亲子关系,并提供必要证据予以证明,另一方没有相反证据又拒绝做亲子鉴定的,人民法院可以推定请求确认亲子关系一方的主张成立。

8.《最高人民法院〈关于人民法院审理离婚案件处理子女抚养问题的若干具体意见〉的通知》第七条

子女抚育费的数额,可根据子女的实际需要、父母双方的负担能力和当地的实际生活水平确定。

有固定收入的,抚育费一般可按其月总收入的百分之二十至三十的比例给付。负担两个以上子女抚育费的,比例可适当提高,但一般不得超过月总收入的百分之五十。

无固定收入的,抚育费的数额可依据当年总收入或同行业平均收入,参照上述比例确定。

有特殊情况的,可适当提高或降低上述比例。

9.《最高人民法院〈关于人民法院审理离婚案件处理子女抚养问题的若干具体意见〉的通知》第八条

抚育费应定期给付,有条件的可一次性给付。

10.《最高人民法院〈关于人民法院审理离婚案件处理子女抚养问题的若干具体意见〉的通知》第九条

对一方无经济收入或者下落不明的,可用其财物折抵子女抚育费。

11.《最高人民法院〈关于人民法院审理离婚案件处理子女

抚养问题的若干具体意见〉的通知》第十条

父母双方可以协议子女随一方生活并由抚养方负担子女全部抚育费。但经查实,抚养方的抚养能力明显不能保障子女所需费用,影响子女健康成长的,不予准许。

12.《最高人民法院〈关于人民法院审理离婚案件处理子女抚养问题的若干具体意见〉的通知》第十一条

抚育费的给付期限,一般至子女十八周岁为止。

十六周岁以上不满十八周岁,以其劳动收入为主要生活来源,并能维持当地一般生活水平的,父母可停止给付抚育费。

13.《最高人民法院〈关于人民法院审理离婚案件处理子女抚养问题的若干具体意见〉的通知》第十二条

尚未独立生活的成年子女有下列情形之一,父母又有给付能力的,仍应负担必要的抚育费:

(1)丧失劳动能力或虽未完全丧失劳动能力,但其收入不足以维持生活的;

(2)尚在校就读的;

(3)确无独立生活能力和条件的。

14.《最高人民法院〈关于人民法院审理离婚案件处理子女抚养问题的若干具体意见〉的通知》第十三条

生父与继母或生母与继父离婚时,对曾受其抚养教育的继子女,继父或继母不同意继续抚养的,仍应由生父母抚养。

15.《最高人民法院〈关于人民法院审理离婚案件处理子女抚养问题的若干具体意见〉的通知》第十五条

离婚后,一方要求变更子女抚养关系的,或者子女要求增加抚育费的,应另行起诉。

16.《最高人民法院〈关于人民法院审理离婚案件处理子女抚养问题的若干具体意见〉的通知》第十六条

一方要求变更子女抚养关系有下列情形之一的,应予支持。

（1）与子女共同生活的一方因患严重疾病或因伤残无力继续抚养子女的；

（2）与子女共同生活的一方不尽抚养义务或有虐待子女行为，或其与子女共同生活对子女身心健康确有不利影响的；

（3）十周岁以上未成年子女，愿随另一方生活，该方又有抚养能力的；

（4）有其他正当理由需要变更的。

17.《最高人民法院〈关于人民法院审理离婚案件处理子女抚养问题的若干具体意见〉的通知》第十七条

父母双方协议变更子女抚养关系的，应予准许。

18.《最高人民法院〈关于人民法院审理离婚案件处理子女抚养问题的若干具体意见〉的通知》第十八条

子女要求增加抚育费有下列情形之一，父或母有给付能力的，应予支持。

（1）原定抚育费数额不足以维持当地实际生活水平的；

（2）因子女患病、上学，实际需要已超过原定数额的；

（3）有其他正当理由应当增加的。

19.《最高人民法院〈关于人民法院审理离婚案件处理子女抚养问题的若干具体意见〉的通知》第十九条

父母不得因子女变更姓氏而拒付子女抚育费。父或母一方擅自将子女姓氏改为继母或继父姓氏而引起纠纷的，应责令恢复原姓氏。

维权后话

婚生子女是男女双方在依法确立婚姻关系后所生育的子女，而非婚生子女则是在依法确立婚姻关系前或婚外行为所生的子女，如非法同居、婚前性行为或被强奸后所生的子女。

婚生子女与非婚生子女，虽然在出生形式上分别是合法婚姻和非法婚姻的不同产物，但其法律地位却是相同的，承担相同的权利和义务。

通常，非婚生子女由一方抚养，另一方应负担必要的生活费和教育费的一部分或全部，负担费用的多少和期限的长短，由双方协议；协议不成时，由人民法院判决。关于非婚生子女抚养费的协议或判决，不妨碍子女在必要时向父母任何一方提出超过协议或判决原定数额的合理要求。总之，此类问题，一定要从子女利益最佳原则出发，给予妥善解决。

工伤"弱"者权益保卫战

如何处理农民工工伤纠纷

进城务工人员,是从村镇进城市打工的人员,他们一般在建筑行业、搬运行业、家政行业等工作。这类行业的共同特点是技术含量较低,以体力劳动为主,且工资待遇不高。进城务工人员从事基层最辛苦的工作,为城市基础设施建设贡献了一份力量。由于他们中的大多数人受教育程度较低,法律维权意识不强,所以一旦出现法律纠纷,往往处于弱势地位。

拿不到钱我就不活了!

"拿不到钱我就不活了!"外地进城务工的阿玉哭诉着。
"大姐,咱慢慢说,不着急,但凡是我们能力范围内的事,我们尽全力帮你!"我急忙宽慰着阿玉。

"从 2012 年 1 月 30 日开始,我到某钢结构工程有限公司上班,做的是打磨船体的工作。2012 年、2013 年分别签订了两份书面劳动合同,被公司收走了,我们工人都没有。2012 年那份合同上写的工资 120 元/天,每月工作 30 天;2013 年那份合同上写的工资 14.5 元/小时,每天 9 小时,每月工作 30 天。你看,这是我自己记下来的,后面还记了我每天上班的情况。"她拿出一本黄黄的、皱皱的小本子。

"后来发生了什么?"

"2013 年 10 月 24 日 17 点 30 分,下班时,我从梯子上下来,脚刚踩到梯子上,梯子就滑跑了,于是我从梯子上摔下来,当时就没能站起来。公司负责人叫工人把我送到医院了。"

"你知道吗? 我是腰部外伤、第一腰椎压缩性骨折。住院没几天,公司就不缴费了,让我出院回家养伤。当时我不能动,老伴儿要出去打工,没人护理。出院第一天,一个人躺在床上,尿急了,打电话给公司负责人,他们找人来护理了一天。公司第二天就派人给我买了几包成人纸尿裤……"阿玉的声音颤抖了。

"公司做得的确不好。你的病历材料带了吗? 我们一起分析一下法律要点。"我翻了一遍材料,心中有数了。

"上班期间,工资以什么形式发放? 每月打卡发放,还是现金发放?"

"每个月领现金。老板一般不出面,都是他的儿子发给我们。"

"公司发工资的时候有没有让你们在类似工资发放表上签字?"

"没有工资发放表,老板的儿子有一个本子,上面记录了每个人的工资数额,每个人领钱的时候签字。"

……

2014 年 2 月 27 日,市人力资源和社会保障局出具了《认定工伤决定书》,认定申请人为工伤。2014 年 5 月 14 日,经市劳动能力鉴定委员会鉴定,申请人伤残情况鉴定结论为九级伤残。

公司没了!

在伤残评定后,我们立即向市劳动仲裁委员会申请仲裁,但因劳动仲裁委员会邮寄的仲裁文书未送达某钢结构工程有限公司,暂时撤回仲裁申请。

"我的工伤认定书拿到了,九级伤残,可是,公司没了!"阿玉一脸沮丧。

"不要着急,我来想办法。"

还是那句话,被困在哪里不重要,重要的是前行的方向。我试着主动联系某钢结构工程有限公司协商赔偿事宜,但是,公司负责人拒绝对话。

为了帮助阿玉争取应得的赔偿,我专门奔赴几百公里外的某市工商行政管理局,查阅、调取公司登记相关事项资料。在取得该公司变更的相关资料后,再次提起工伤赔付劳动争议仲裁。

律师说"法"

依据《工伤保险条例》第四十三条之规定,用人单位分立、合并、转让的,承继单位应当承担原用人单位的工伤保险责任。本案中,某钢结构工程有限公司于 2014 年 4 月 22 日更名为某瑞钢结构工程有限公司,法定代表人未变更。因此某瑞钢结构工程有限公司作为本案的被申请人,主体适格。

公司注册地在外地,与实际生产经营地不一致,按照法律规定,用人单位注册地与生产经营地不在同一统筹地区的,原则上在注册地参加工伤保险;未在注册地参加工伤保险的,在生产经营地参加工伤保险。职工受到事故伤害或者患职业病后,在参保地进行工伤认定、劳动能力鉴定,并按照参保地的规定依法享受工伤保险待遇。用人单位注册地与生产经营地不在同一统筹地区,且在注册地和生产经营地均未参加工伤保险的,职工受到事故伤害或者患职业病后,在生产经营地进行工伤认定、劳动能力鉴定,并按照生产经营地的规定依法由用人单位支付工伤保险待遇。所以,本案按照生产经营地的规定依法由某瑞钢结构有限公司支付工伤保险待遇。

在工资数额方面,如果用人单位和劳动者都不能对工资数额举证的,由劳动保障行政部门、劳动争议仲裁委员会和人民法院参照本单位同岗位的平均工资或者当地在岗职工平均工资水平,按照有利于劳动者的原则计算确定。

根据《工伤保险条例》第三十三条第三款规定,生活不能自理的工伤职工在停工留薪期需要护理的,由所在单位负责。如用人单位未提供护理或同意职工自己安排护理的,护理费标准按以下情形处理:住院期间有专门护工护理的,按护理费单据载明的金额确定;安排有固定收入来源的亲属护理的,按其亲属收入证明载明的金额确定,但不得超过当地上一年度职工社会平均工资;安排无固定收入来源的亲属护理的,可按当地一般护工市场价格水平确定。护理人员原则上为一人,但医疗机构或者鉴定机构有明确意见的除外。工伤职工出院后,如需护理的,应凭医疗机构证明,按上述标准执行。

现行法律规定

1.《工伤保险条例》第十四条

职工有下列情形之一的,应当认定为工伤:

(一) 在工作时间和工作场所内,因工作原因受到事故伤害的;

（二）工作时间前后在工作场所内，从事与工作有关的预备性或者收尾性工作受到事故伤害的；

（三）在工作时间和工作场所内，因履行工作职责受到暴力等意外伤害的；

（四）患职业病的；

（五）因工外出期间，由于工作原因受到伤害或者发生事故下落不明的；

（六）在上下班途中，受到非本人主要责任的交通事故或者城市轨道交通、客运轮渡、火车事故伤害的；

（七）法律、行政法规规定应当认定为工伤的其他情形。

2.《工伤保险条例》第十五条

职工有下列情形之一的，视同工伤：

（一）在工作时间和工作岗位，突发疾病死亡或者在48小时之内经抢救无效死亡的；

（二）在抢险救灾等维护国家利益、公共利益活动中受到伤害的；

（三）职工原在军队服役，因战、因公负伤致残，已取得革命伤残军人证，到用人单位后旧伤复发的。

职工有前款第（一）项、第（二）项情形的，按照本条例的有关规定享受工伤保险待遇；职工有前款第（三）项情形的，按照本条例的有关规定享受除一次性伤残补助金以外的工伤保险待遇。

3.《工伤保险条例》第十六条

职工符合本条例第十四条、第十五条的规定，但是有下列情形之一的，不得认定为工伤或者视同工伤：

（一）故意犯罪的；

（二）醉酒或者吸毒的；

（三）自残或者自杀的。

4.《工伤保险条例》第十七条

职工发生事故伤害或者按照职业病防治法规定被诊断、鉴定为职业病,所在单位应当自事故伤害发生之日或者被诊断、鉴定为职业病之日起 30 日内,向统筹地区社会保险行政部门提出工伤认定申请。遇有特殊情况,经报社会保险行政部门同意,申请时限可以适当延长。

用人单位未按前款规定提出工伤认定申请的,工伤职工或者其近亲属、工会组织在事故伤害发生之日或者被诊断、鉴定为职业病之日起 1 年内,可以直接向用人单位所在地统筹地区社会保险行政部门提出工伤认定申请。

按照本条第一款规定应当由省级社会保险行政部门进行工伤认定的事项,根据属地原则由用人单位所在地的设区的市级社会保险行政部门办理。

用人单位未在本条第一款规定的时限内提交工伤认定申请,在此期间发生符合本条例规定的工伤待遇等有关费用由该用人单位负担。

5.《工伤保险条例》第十八条

提出工伤认定申请应当提交下列材料:

(一)工伤认定申请表;

(二)与用人单位存在劳动关系(包括事实劳动关系)的证明材料;

(三)医疗诊断证明或者职业病诊断证明书(或者职业病诊断鉴定书)。

工伤认定申请表应当包括事故发生的时间、地点、原因以及职工伤害程度等基本情况。

工伤认定申请人提供材料不完整的,社会保险行政部门应当一次性书面告知工伤认定申请人需要补正的全部材料。申请人按照书面告知要求补正材料后,社会保险行政部门应当受理。

6.《工伤保险条例》第十九条

社会保险行政部门受理工伤认定申请后，根据审核需要可以对事故伤害进行调查核实，用人单位、职工、工会组织、医疗机构以及有关部门应当予以协助。职业病诊断和诊断争议的鉴定，依照职业病防治法的有关规定执行。对依法取得职业病诊断证明书或者职业病诊断鉴定书的，社会保险行政部门不再进行调查核实。

职工或者其近亲属认为是工伤，用人单位不认为是工伤的，由用人单位承担举证责任。

7.《工伤保险条例》第二十条

社会保险行政部门应当自受理工伤认定申请之日起60日内作出工伤认定的决定，并书面通知申请工伤认定的职工或者其近亲属和该职工所在单位。

社会保险行政部门对受理的事实清楚、权利义务明确的工伤认定申请，应当在15日内作出工伤认定的决定。

作出工伤认定决定需要以司法机关或者有关行政主管部门的结论为依据的，在司法机关或者有关行政主管部门尚未作出结论期间，作出工伤认定决定的时限中止。

社会保险行政部门工作人员与工伤认定申请人有利害关系的，应当回避。

8.《工伤保险条例》第二十一条

职工发生工伤，经治疗伤情相对稳定后存在残疾、影响劳动能力的，应当进行劳动能力鉴定。

9.《工伤保险条例》第二十二条

劳动能力鉴定是指劳动功能障碍程度和生活自理障碍程度的等级鉴定。

劳动功能障碍分为十个伤残等级，最重的为一级，最轻的为十级。

生活自理障碍分为三个等级：生活完全不能自理、生活大部分不能自理和生活部分不能自理。

劳动能力鉴定标准由国务院社会保险行政部门会同国务院卫生行政部门等部门制定。

10.《工伤保险条例》第二十三条

劳动能力鉴定由用人单位、工伤职工或者其近亲属向设区的市级劳动能力鉴定委员会提出申请，并提供工伤认定决定和职工工伤医疗的有关资料。

11.《工伤保险条例》第二十四条

省、自治区、直辖市劳动能力鉴定委员会和设区的市级劳动能力鉴定委员会分别由省、自治区、直辖市和设区的市级社会保险行政部门、卫生行政部门、工会组织、经办机构代表以及用人单位代表组成。

劳动能力鉴定委员会建立医疗卫生专家库。列入专家库的医疗卫生专业技术人员应当具备下列条件：

（一）具有医疗卫生高级专业技术职务任职资格；

（二）掌握劳动能力鉴定的相关知识；

（三）具有良好的职业品德。

12.《工伤保险条例》第二十五条

设区的市级劳动能力鉴定委员会收到劳动能力鉴定申请后，应当从其建立的医疗卫生专家库中随机抽取3名或者5名相关专家组成专家组，由专家组提出鉴定意见。设区的市级劳动能力鉴定委员会根据专家组的鉴定意见作出工伤职工劳动能力鉴定结论；必要时，可以委托具备资格的医疗机构协助进行有关的诊断。

设区的市级劳动能力鉴定委员会应当自收到劳动能力鉴定申请之日起60日内作出劳动能力鉴定结论，必要时，作出劳动能力鉴定结论的期限可以延长30日。劳动能力鉴定结论应当及时送达申请鉴定的单位和个人。

13.《工伤保险条例》第二十六条

申请鉴定的单位或者个人对设区的市级劳动能力鉴定委员会作出的鉴定结论不服的,可以在收到该鉴定结论之日起15日内向省、自治区、直辖市劳动能力鉴定委员会提出再次鉴定申请。省、自治区、直辖市劳动能力鉴定委员会作出的劳动能力鉴定结论为最终结论。

14.《工伤保险条例》第二十七条

劳动能力鉴定工作应当客观、公正。劳动能力鉴定委员会组成人员或者参加鉴定的专家与当事人有利害关系的,应当回避。

15.《工伤保险条例》第二十八条

自劳动能力鉴定结论作出之日起1年后,工伤职工或者其近亲属、所在单位或者经办机构认为伤残情况发生变化的,可以申请劳动能力复查鉴定。

16.《工伤保险条例》第三十三条

职工因工作遭受事故伤害或者患职业病需要暂停工作接受工伤医疗的,在停工留薪期内,原工资福利待遇不变,由所在单位按月支付。

停工留薪期一般不超过12个月。伤情严重或者情况特殊,经设区的市级劳动能力鉴定委员会确认,可以适当延长,但延长不得超过12个月。工伤职工评定伤残等级后,停发原待遇,按照本章的有关规定享受伤残待遇。工伤职工在停工留薪期满后仍需治疗的,继续享受工伤医疗待遇。

生活不能自理的工伤职工在停工留薪期需要护理的,由所在单位负责。

17.《工伤保险条例》第三十四条

工伤职工已经评定伤残等级并经劳动能力鉴定委员会确认

需要生活护理的,从工伤保险基金按月支付生活护理费。

生活护理费按照生活完全不能自理、生活大部分不能自理或者生活部分不能自理3个不同等级支付,其标准分别为统筹地区上年度职工月平均工资的50%、40%或者30%。

18.《工伤保险条例》第三十五条

职工因工致残被鉴定为一级至四级伤残的,保留劳动关系,退出工作岗位,享受以下待遇:

(一)从工伤保险基金按伤残等级支付一次性伤残补助金,标准为:一级伤残为27个月的本人工资,二级伤残为25个月的本人工资,三级伤残为23个月的本人工资,四级伤残为21个月的本人工资;

(二)从工伤保险基金按月支付伤残津贴,标准为:一级伤残为本人工资的90%,二级伤残为本人工资的85%,三级伤残为本人工资的80%,四级伤残为本人工资的75%。伤残津贴实际金额低于当地最低工资标准的,由工伤保险基金补足差额;

(三)工伤职工达到退休年龄并办理退休手续后,停发伤残津贴,按照国家有关规定享受基本养老保险待遇。基本养老保险待遇低于伤残津贴的,由工伤保险基金补足差额。

职工因工致残被鉴定为一级至四级伤残的,由用人单位和职工个人以伤残津贴为基数,缴纳基本医疗保险费。

19.《工伤保险条例》第三十六条

职工因工致残被鉴定为五级、六级伤残的,享受以下待遇:

(一)从工伤保险基金按伤残等级支付一次性伤残补助金,标准为:五级伤残为18个月的本人工资,六级伤残为16个月的本人工资;

(二)保留与用人单位的劳动关系,由用人单位安排适当工作。难以安排工作的,由用人单位按月发给伤残津贴,标准为:五级伤残为本人工资的70%,六级伤残为本人工资的60%,并由用人单位按照规定为其缴纳应缴纳的各项社会保险费。伤残津贴实际金额低于当地最低工资标准的，由用人单位补足差额。

经工伤职工本人提出，该职工可以与用人单位解除或者终止劳动关系，由工伤保险基金支付一次性工伤医疗补助金，由用人单位支付一次性伤残就业补助金。一次性工伤医疗补助金和一次性伤残就业补助金的具体标准由省、自治区、直辖市人民政府规定。

20.《工伤保险条例》第三十七条

职工因工致残被鉴定为七级至十级伤残的，享受以下待遇：

（一）从工伤保险基金按伤残等级支付一次性伤残补助金，标准为：七级伤残为13个月的本人工资，八级伤残为11个月的本人工资，九级伤残为9个月的本人工资，十级伤残为7个月的本人工资；

（二）劳动、聘用合同期满终止，或者职工本人提出解除劳动、聘用合同的，由工伤保险基金支付一次性工伤医疗补助金，由用人单位支付一次性伤残就业补助金。一次性工伤医疗补助金和一次性伤残就业补助金的具体标准由省、自治区、直辖市人民政府规定。

21.《工伤保险条例》第三十八条

工伤职工工伤复发，确认需要治疗的，享受本条例第三十条、第三十二条和第三十三条规定的工伤待遇。

22.《工伤保险条例》第三十九条

职工因工死亡，其近亲属按照下列规定从工伤保险基金领取丧葬补助金、供养亲属抚恤金和一次性工亡补助金：

（一）丧葬补助金为6个月的统筹地区上年度职工月平均工资；

（二）供养亲属抚恤金按照职工本人工资的一定比例发给

由因工死亡职工生前提供主要生活来源、无劳动能力的亲属。标准为:配偶每月40%,其他亲属每人每月30%,孤寡老人或者孤儿每人每月在上述标准的基础上增加10%。核定的各供养亲属的抚恤金之和不应高于因工死亡职工生前的工资。供养亲属的具体范围由国务院社会保险行政部门规定;

(三)一次性工亡补助金标准为上一年度全国城镇居民人均可支配收入的20倍。

伤残职工在停工留薪期内因工伤导致死亡的,其近亲属享受本条第一款规定的待遇。

一级至四级伤残职工在停工留薪期满后死亡的,其近亲属可以享受本条第一款第(一)项、第(二)项规定的待遇。

23.《工伤保险条例》第四十条

伤残津贴、供养亲属抚恤金、生活护理费由统筹地区社会保险行政部门根据职工平均工资和生活费用变化等情况适时调整。调整办法由省、自治区、直辖市人民政府规定。

24.《工伤保险条例》第四十一条

职工因工外出期间发生事故或者在抢险救灾中下落不明的,从事故发生当月起3个月内照发工资,从第4个月起停发工资,由工伤保险基金向其供养亲属按月支付供养亲属抚恤金。生活有困难的,可以预支一次性工亡补助金的50%。职工被人民法院宣告死亡的,按照本条例第三十九条职工因工死亡的规定处理。

25.《工伤保险条例》第四十二条

工伤职工有下列情形之一的,停止享受工伤保险待遇:

(一)丧失享受待遇条件的;

(二)拒不接受劳动能力鉴定的;

(三)拒绝治疗的。

26.《工伤保险条例》第四十三条

因工致残被鉴定为五级、六级伤残的,享受以下待遇:

(一)从工伤保险基金按伤残等级支付一次性伤残补助金,标准为:五级伤残为 16 个月的本人工资,六级伤残为 14 个月的本人工资;

(二)保留与用人单位的劳动关系,由用人单位安排适当工作。难以安排工作的,由用人单位按月发给伤残津贴,标准为:五级伤残为本人工资的 70%,六级伤残为本人工资的 60%,并由用人单位按照规定为其缴纳应缴纳的各项社会保险费。伤残津贴实际金额低于当地最低工资标准的,由用人单位补足差额。

经工伤职工本人提出,该职工可以与用人单位解除或者终止劳动关系,由用人单位支付一次性工伤医疗补助金和伤残就业补助金。具体标准由省、自治区、直辖市人民政府规定。

27.《工伤保险条例》第四十四条

职工被派遣出境工作,依据前往国家或者地区的法律应当参加当地工伤保险的,参加当地工伤保险,其国内工伤保险关系中止;不能参加当地工伤保险的,其国内工伤保险关系不中止。

28.《工伤保险条例》第四十五条

职工再次发生工伤,根据规定应当享受伤残津贴的,按照新认定的伤残等级享受伤残津贴待遇。

29.《江苏省实施〈工伤保险条例〉办法》第二十六条

因工致残被鉴定为五级、六级伤残的工伤职工恢复工作后,又发生难以安排工作的情形,以难以安排工作时本人工资为基数由用人单位计发伤残津贴;难以安排工作时本人工资低于发生工伤时本人工资的,以发生工伤时本人工资为基数计发。

30.《江苏省实施〈工伤保险条例〉办法》第二十七条

职工因工致残被鉴定为五至十级伤残,按照《条例》规定与用人单位解除或者终止劳动关系时,由工伤保险基金支付一次性工伤医疗补助金,由用人单位支付一次性伤残就业补助金。一次性工伤医疗补助金的基准标准为:五级20万元,六级16万元,七级12万元,八级8万元,九级5万元,十级3万元。一次性伤残就业补助金的基准标准为:五级9.5万元,六级8.5万元,七级4.5万元,八级3.5万元,九级2.5万元,十级1.5万元。

设区的市人民政府可以根据当地经济发展水平、居民生活水平等情况,在基准标准基础上,上下浮动不超过20%确定一次性工伤医疗补助金和一次性伤残就业补助金标准,并报省社会保险行政部门备案。

患职业病的工伤职工,一次性工伤医疗补助金在上述标准的基础上增发40%。

一次性工伤医疗补助金和一次性伤残就业补助金基准标准的调整,由省社会保险行政部门会同省财政部门报省人民政府批准确定。

31.《江苏省实施〈工伤保险条例〉办法》第二十八条

工伤职工本人提出与用人单位解除劳动关系,且解除劳动关系时距法定退休年龄不足5年的,一次性工伤医疗补助金和一次性伤残就业补助金按照下列标准执行:不足5年的,按照全额的80%支付;不足4年的,按照全额的60%支付;不足3年的,按照全额的40%支付;不足2年的,按照全额的20%支付;不足1年的,按照全额的10%支付,但属于《中华人民共和国劳动合同法》第三十八条规定的情形除外。达到法定退休年龄或者按照规定办理退休手续的,不支付一次性工伤医疗补助金和一次性伤残就业补助金。

五至十级工伤职工领取一次性工伤医疗补助金的具体办法由统筹地区经办机构制定。

32.《江苏省实施〈工伤保险条例〉办法》第二十九条

工伤职工领取一次性工伤医疗补助金和一次性伤残就业补助金后,工伤保险关系终止,劳动能力鉴定委员会不再受理其本次伤残的劳动能力复查鉴定申请。

33.《江苏省实施〈工伤保险条例〉办法》第三十条

因工致残一次性伤残补助金、工伤职工的伤残津贴、生活护理费自作出劳动能力鉴定结论的次月起计发。

因工死亡丧葬补助金、一次性工亡补助金自职工死亡当月起计发,其供养亲属抚恤金自职工死亡的次月起计发。

34.《江苏省实施〈工伤保险条例〉办法》第三十一条

伤残津贴、供养亲属抚恤金、生活护理费由设区的市社会保险行政部门会同财政部门根据职工平均工资和生活费用变化等情况适时调整。

伤残津贴、供养亲属抚恤金以及生活护理费调整方案,经设区的市人民政府同意报省社会保险行政部门和省财政部门批准后执行。

35.《江苏省实施〈工伤保险条例〉办法》第三十二条

职工在同一用人单位连续工作期间多次发生工伤,符合《条例》第三十六条、第三十七条规定享受相关待遇的,按照其在同一用人单位发生工伤的最高伤残级别,计发一次性伤残就业补助金和一次性工伤医疗补助金。

36.《江苏省实施〈工伤保险条例〉办法》第三十三条

工伤复发因伤情变化复查鉴定伤残等级改变的,不再重新计发一次性伤残补助金,其他工伤保险待遇按照新的伤残等级享受。达到领取伤残津贴条件的,以旧伤复发时本人工资为基数计发伤残津贴;旧伤复发时本人工资低于发生工伤时本人工资的，以发生工伤时本人工资为基数计发。

37.《江苏省实施〈工伤保险条例〉办法》第三十四条

用人单位破产、撤销、解散、关闭进行资产变现、土地处置和净资产分配时，应当优先安排解决工伤职工的有关费用。有关工伤保险费用以及工伤待遇支付按照下列规定处理：

（一）一至四级工伤职工至法定退休年龄前，以伤残津贴为基数缴费参加基本医疗保险，由本人缴纳个人缴费部分，由用人单位将应当由单位缴纳的基本医疗保险费一次性划拨给医疗保险经办机构并入医疗保险基金财政专户；

（二）五至十级工伤职工，分别由工伤保险基金和用人单位按照本办法第二十七条规定发给其一次性工伤医疗补助金和一次性伤残就业补助金，工伤保险关系终止。

38.《江苏省实施〈工伤保险条例〉办法》第三十五条

用人单位分立、合并、转让，工伤职工转入承继单位的，承继单位应当承担原用人单位的工伤保险责任，并到当地经办机构办理参加工伤保险或者变更工伤保险关系的手续。

用人单位分立、合并、转让，工伤职工不转入承继单位的，按照工伤职工与用人单位解除或者终止劳动关系时享受的有关待遇执行。

39.《江苏省实施〈工伤保险条例〉办法》第三十六条

具备用工主体资格的用人单位将工程或者经营权发包给不具备用工主体资格的组织或者自然人，该组织或者自然人招用的劳动者发生事故伤害，劳动者提出工伤认定申请的，由具备用工主体资格的发包方承担用人单位依法应当承担的工伤保险责任，社会保险行政部门可以将具备用工主体资格的发包方作为用人单位按照规定作出工伤认定决定。

40.《江苏省实施〈工伤保险条例〉办法》第三十七条

用人单位按照劳动合同约定或者经与职工协商一致指派职

工到其他单位工作,职工发生工伤的,由用人单位承担工伤保险责任。

用人单位职工非由单位指派到其他用人单位工作发生工伤的,由实际用人单位按照《条例》和本办法规定的项目和标准支付工伤保险待遇。

职工在两个或者两个以上用人单位同时就业的,其就业的每一个用人单位都应当为其缴纳工伤保险费。职工发生工伤的,应当由其受伤时为之工作的用人单位承担工伤保险责任。

41.《江苏省实施〈工伤保险条例〉办法》第三十八条

用人单位依照《条例》和本办法规定应当参加工伤保险而未参加或者参加工伤保险后中断缴费期间,职工发生工伤的,该工伤职工的各项工伤保险待遇,均由用人单位按照《条例》和本办法规定的项目和标准支付。用人单位按照规定足额补缴工伤保险费、滞纳金后,职工新发生的工伤保险待遇由工伤保险基金和用人单位按照《条例》和本办法规定的项目和标准支付。

42.《江苏省实施〈工伤保险条例〉办法》第三十九条

社会保险行政部门重新作出不认定为工伤或者不视同工伤决定,工伤保险基金和用人单位已经支付工伤待遇的,职工应当向工伤保险基金和用人单位退回已经领取的工伤保险待遇。职工不退回已经领取的工伤保险待遇的,经办机构和用人单位应当依法追偿。

43.《江苏省实施〈工伤保险条例〉办法》第四十条

本办法下列用语的含义:

(一)发生工伤时本人工资,是指工伤职工因工作遭受事故伤害或者被诊断、鉴定为职业病前12个月平均月缴费工资。

(二)难以安排工作时本人工资,是指工伤职工难以安排工作前12个月平均月缴费工资。

（三）工伤复发时本人工资，是指工伤职工工伤复发前 12 个月平均月缴费工资。

不足 12 个月的，按照实际发生的月平均缴费工资计算；不足 1 个月的以用人单位职工平均月缴费工资计算。本人工资高于统筹地区职工平均工资 300% 的，按照统筹地区职工平均工资的 300% 计算；本人工资低于统筹地区职工平均工资 60% 的，按照统筹地区职工平均工资的 60% 计算。

44.《江苏省实施〈工伤保险条例〉办法》第四十一条

本办法自 2015 年 6 月 1 日起施行。2005 年 2 月 3 日江苏省人民政府令第 29 号发布的《江苏省实施〈工伤保险条例〉办法》同时废止。本办法实施前职工按月享受工伤保险待遇标准低于本办法规定标准的，自本办法施行之日起，按照本办法规定标准执行，以前已发放的低于本办法规定标准部分不再追补。

维权后话

在中国境内工作的所有职工，一旦发生工伤都可以按照《工伤保险条例》规定的工伤保险待遇水平享受相应的救济和补偿。

工伤保险之"险"是指职业危险，就是指在生产工作中发生的工伤事故和职业性有害因素对职工健康和生命造成的危险。其方式是对已经遭受工伤危害的职工及其供养亲属给予物质帮助和经济补偿。其实行的是无过失责任原则，即只要发生工伤事故不是职工的故意行为所导致的，无论受到伤害的职工是否有过失，都应当享受工伤保险待遇。

盗窃"豪爵"的孩子

如何妥善开展未成年人盗窃罪辩护

古时候,有个小孩在学校里偷了同学一块写字石板,拿回家交给母亲。母亲不但没批评,反而还夸他能干。第二次小孩偷回家一件大衣,交给母亲,母亲很满意,再次夸奖他。

随着岁月的流逝,小孩长大成小伙子了,便开始去偷更大的东西。有一次,他被当场捉住,反绑着双手,要被押送到官府。他母亲跟在后面,捶胸痛哭。这时,小偷说,他想和母亲贴耳说一句话。他母亲马上走了上去,儿子猛地一下用力咬住她的耳朵,并撕了下来。母亲骂他不孝,犯罪还不够,还要使母亲受伤。儿子说道:"我第一次偷石板交给你时,如果你能打我一顿,今天我何至于落到这种可悲的下场呢?"

失踪的"豪爵"

在看守所那道栅栏后面,坐着一个低着头的孩子——阿炳。

"你好,我先自我介绍一下……"

他没有抬头,只"嗯"了一声。

"我与之前那些和你聊的人不一样,我是来帮助你的……"要与这个孩子建立信任,首先要"破冰"。

他依然低着头,"哦"了一声。

"我在派出所看到你的父亲了,他很关心你。"

"哼,怎么可能,他还会关心我?"

"我看他很着急,和你的叔叔蹲在派出所门口,商量你的事情……还有,我们正在帮你办取保候审,过段时间,你就可以先回家了。"

他猛地抬起头,眼睛瞪得很大、很圆,眼神清澈依然。

"真的?"

"是的,今天我来看你,就是要告诉你这件事,然后,顺便了解一些情况。"

"您问,我告诉您。"

"你为什么会在这里,我在派出所已经大概了解了一些,不过不全面,你可以把事情的经过,详详细细地告诉我吗?"

"那天,我和爸爸吵架了,一生气,就从家里跑出来了。没带钱,饿了一天,天黑了,我也不敢回家,就在路上晃悠,碰到了之前一起上网的小雷和小伟。他们说,带我去转转,我就跟着去了。他们带我走到一个小区的地下车库入口附近,在一辆看上去很好、很新的红色"豪爵"摩托车旁边站了一会儿,趁没人注意,小伟就过去搭线发动摩托车,我和小雷在边上看着。小伟说看不清,让我拿手机给他照亮,没多久,小伟就把摩托车搭线发动了。之后,小伟骑车带我们离开。骑到小区门口的时候,我们发现门卫室边上还有一辆白色的摩托车,于是,小伟熄火下车,又去偷了那辆车。小伟说,等把摩托车卖了之后分钱给我,让我先回家。后来,过了三四天吧,他给了我600块钱。"

"为什么跟着他们偷?"

"那段时间,我和爸爸天天吵架,不开心,所以……等到了小区发现他们偷摩托车的时候,我也不敢说不,怕他们打我。"

"鉴定报告显示,那两辆摩托车的总价值为7980元。依据《中华人民共和国刑法》第二百六十四条之规定,你们的行为涉嫌盗窃罪。"

……

律师说"法"

未成年人犯罪可以适用相对不起诉,其应具备三方面条件。

第一,主观条件。一是主观恶性较小,从犯罪原因和动机来看,其反社会的心理程度较轻。例如,很多未成年人犯罪只是因为年少无知或游手好闲,或者是因为无人管教流落社会,迫于生计才引发犯罪。二是无前科劣迹,犯罪前一贯表现较好,只是偶尔失足而犯罪。三是有认罪、悔罪表现,未成年犯罪嫌疑人归案后能主动坦白,如实交代罪行,犯罪过程中自动放弃犯罪或者自动有效防止犯罪结果发生、犯罪后自首或者有重大立功表现,都可以认定其有悔罪表现。

第二,情节条件。一是社会危害不大,未成年人实施的是轻微的犯罪,例如盗窃、抢夺等犯罪,可能判处3年以下徒刑、拘役或管制。二是犯罪后果轻微,未成年人实施犯罪并未造成实际的危害后果,或者危害后果轻微,有些情况下,危害后果经过补救已经被挽回,例如,盗窃案中返还了被害人财物。三是情节轻微,无论何种性质的犯罪,即使案件已造成一定的犯罪后果,只要在具体案件中不是案件的主犯,并具备刑法规定的从轻、减轻、免除处罚情节,就可认定情节轻微,例如盗窃团伙中的从犯等。

第三,帮扶条件。一是有良好的家庭教育环境,家长和监护人能够为未成年人的悔过自新提供物质基础,并能提供有效地教育和切实地保护,引导其健康成长。二是有负责帮教矫治的单位和组织,未成年人如果被适用相对不起诉,回归社会后,学校、街道、村委会等组织能够对其进行监管教育,使其不致再危害社会。

本案中,一方面,犯罪嫌疑人阿炳未满 18 周岁,心智尚不成熟,小学文化,辨认是非的能力尚有欠缺,具有可挽救、感化的条件。另一方面,本案发生前,犯罪嫌疑人阿炳从未受过刑事或行政处罚,无任何前科劣迹,系初犯、偶犯。从走访调查的结果来看,案发前阿炳一直表现良好,本质并不坏,此次系一时糊涂走上犯罪的道路,其主观恶性程度明显较轻。尤其是归案后,阿炳积极配合侦查机关破案,退还赃物,认罪、悔罪态度好,有改过自新、重新做人的良好愿望。再者,阿炳在本案中是在小伟带领下实施的盗窃行为,且在盗窃中只是依据小伟的指示,望风、拿手机照亮;而在实施完成盗窃行为后,只分得 600 元。从细节中可以看出三人分工及主次作用,小伟所起到的作用是相对次要的。案发后,小伟父亲表示今后要加大对小伟的教育、监督。最终,检察院本着教育、挽救、感化的方针,对小伟作出附条件不起诉的决定。

现行法律规定

1.《中华人民共和国刑法》第二百六十四条

盗窃公私财物,数额较大的,或者多次盗窃、入户盗窃、携带凶器盗窃、扒窃的,处三年以下有期徒刑、拘役或者管制,并处或者单处罚金;数额巨大或者有其他严重情节的,处三年以上十年以下有期徒刑,并处罚金;数额特别巨大或者有其他特别严重情节的,处十年以上有期徒刑或者无期徒刑,并处罚金或者没收财产。

《中华人民共和国刑法修正案（八）》第三十九条

将刑法第二百六十四条修改为："盗窃公私财物，数额较大的，或者多次盗窃、入户盗窃、携带凶器盗窃、扒窃的，处三年以下有期徒刑、拘役或者管制，并处或者单处罚金；数额巨大或者有其他严重情节的，处三年以上十年以下有期徒刑，并处罚金；数额特别巨大或者有其他特别严重情节的，处十年以上有期徒刑或者无期徒刑，并处罚金或者没收财产。"

2.《最高人民法院　最高人民检察院关于办理盗窃刑事案件适用法律若干问题的解释》

为依法惩治盗窃犯罪活动，保护公私财产，根据《中华人民共和国刑法》、《中华人民共和国刑事诉讼法》的有关规定，现就办理盗窃刑事案件适用法律的若干问题解释如下：

第一条　盗窃公私财物价值一千元至三千元以上、三万元至十万元以上、三十万元至五十万元以上的，应当分别认定为刑法第二百六十四条规定的"数额较大"、"数额巨大"、"数额特别巨大"。

各省、自治区、直辖市高级人民法院、人民检察院可以根据本地区经济发展状况，并考虑社会治安状况，在前款规定的数额幅度内，确定本地区执行的具体数额标准，报最高人民法院、最高人民检察院批准。

在跨地区运行的公共交通工具上盗窃，盗窃地点无法查证的，盗窃数额是否达到"数额较大"、"数额巨大"、"数额特别巨大"，应当根据受理案件所在地省、自治区、直辖市高级人民法院、人民检察院确定的有关数额标准认定。

盗窃毒品等违禁品，应当按照盗窃罪处理的，根据情节轻重量刑。

第二条　盗窃公私财物，具有下列情形之一的，"数额较大"的标准可以按照前条规定标准的百分之五十确定：

（一）曾因盗窃受过刑事处罚的；

（二）一年内曾因盗窃受过行政处罚的；

（三）组织、控制未成年人盗窃的；

（四）自然灾害、事故灾害、社会安全事件等突发事件期间，在事件发生地盗窃的；

（五）盗窃残疾人、孤寡老人、丧失劳动能力人的财物的；

（六）在医院盗窃病人或者其亲友财物的；

（七）盗窃救灾、抢险、防汛、优抚、扶贫、移民、救济款物的；

（八）因盗窃造成严重后果的。

第三条　二年内盗窃三次以上的，应当认定为"多次盗窃"。

非法进入供他人家庭生活，与外界相对隔离的住所盗窃的，应当认定为"入户盗窃"。

携带枪支、爆炸物、管制刀具等国家禁止个人携带的器械盗窃，或者为了实施违法犯罪携带其他足以危害他人人身安全的器械盗窃的，应当认定为"携带凶器盗窃"。

在公共场所或者公共交通工具上盗窃他人随身携带的财物的，应当认定为"扒窃"。

第四条　盗窃的数额，按照下列方法认定：

（一）被盗财物有有效价格证明的，根据有效价格证明认定；无有效价格证明，或者根据价格证明认定盗窃数额明显不合理的，应当按照有关规定委托估价机构估价；

（二）盗窃外币的，按照盗窃时中国外汇交易中心或者中国人民银行授权机构公布的人民币对该货币的中间价折合成人民币计算；中国外汇交易中心或者中国人民银行授权机构未公布汇率中间价的外币，按照盗窃时境内银行人民币对该货币的中间价折算成人民币，或者该货币在境内银行、国际外汇市场对美元汇率，与人民币对美元汇率中间价进行套算；

（三）盗窃电力、燃气、自来水等财物，盗窃数量能够查实的，按照查实的数量计算盗窃数额；盗窃数量无法查实的，以盗窃前六个月月均正常用量减去盗窃后计量仪表显示的月均用量推算盗窃数额；盗窃前正常使用不足六个月的，按照正常使用期间的月均用量减去盗窃后计量仪表显示的月均用量推算盗窃数额；

（四）明知是盗接他人通信线路、复制他人电信码号的电信设备、设施而使用的，按照合法用户为其支付的费用认定盗窃数额；无法直接确认的，以合法用户的电信设备、设施被盗接、复制后的月缴费额减去被盗接、复制前六个月的月均电话费推算盗窃数额；合法用户使用电信设备、设施不足六个月的，按照实际使用的月均电话费推算盗窃数额；

（五）盗接他人通信线路、复制他人电信码号出售的，按照销赃数额认定盗窃数额。

盗窃行为给失主造成的损失大于盗窃数额的，损失数额可以作为量刑情节考虑。

第五条　盗窃有价支付凭证、有价证券、有价票证的，按照下列方法认定盗窃数额：

（一）盗窃不记名、不挂失的有价支付凭证、有价证券、有价票证的，应当按票面数额和盗窃时应得的孳息、奖金或者奖品等可得收益一并计算盗窃数额；

（二）盗窃记名的有价支付凭证、有价证券、有价票证，已经兑现的，按照兑现部分的财物价值计算盗窃数额；没有兑现，但失主无法通过挂失、补领、补办手续等方式避免损失的，按照给失主造成的实际损失计算盗窃数额。

第六条　盗窃公私财物，具有本解释第二条第三项至第八项规定情形之一，或者入户盗窃、携带凶器盗窃，数额达到本解释第一条规定的"数额巨大"、"数额特别巨大"百分之五十的，可以分别认定为刑法第二百六十四条规定的"其他严重情节"或者"其他特别严重情节"。

第七条　盗窃公私财物数额较大，行为人认罪、悔罪，退赃、退赔，且具有下列情形之一，情节轻微的，可以不起诉或者免予刑事处罚；必要时，由有关部门予以行政处罚：

（一）具有法定从宽处罚情节的；

（二）没有参与分赃或者获赃较少且不是主犯的；

（三）被害人谅解的；

（四）其他情节轻微、危害不大的。

第八条　偷拿家庭成员或者近亲属的财物，获得谅解的，一般可不认为是犯罪；追究刑事责任的，应当酌情从宽。

第九条　盗窃国有馆藏一般文物、三级文物、二级以上文物的，应当分别认定为刑法第二百六十四条规定的"数额较大"、"数额巨大"、"数额特别巨大"。

盗窃多件不同等级国有馆藏文物的，三件同级文物可以视为一件高一级文物。

盗窃民间收藏的文物的，根据本解释第四条第一款第一项的规定认定盗窃数额。

第十条　偷开他人机动车的，按照下列规定处理：

（一）偷开机动车，导致车辆丢失的，以盗窃罪定罪处罚；

（二）为盗窃其他财物，偷开机动车作为犯罪工具使用后非法占有车辆，或者将车辆遗弃导致丢失的，被盗车辆的价值计入盗窃数额；

（三）为实施其他犯罪，偷开机动车作为犯罪工具使用后非法占有车辆，或者将车辆遗弃导致丢失的，以盗窃罪和其他犯罪数罪并罚；将车辆送回未造成丢失的，按照其所实施的其他犯罪从重处罚。

第十一条　盗窃公私财物并造成财物损毁的,按照下列规定处理:

(一)采用破坏性手段盗窃公私财物,造成其他财物损毁的,以盗窃罪从重处罚;同时构成盗窃罪和其他犯罪的,择一重罪从重处罚;

(二)实施盗窃犯罪后,为掩盖罪行或者报复等,故意毁坏其他财物构成犯罪的,以盗窃罪和构成的其他犯罪数罪并罚;

(三)盗窃行为未构成犯罪,但损毁财物构成其他犯罪的,以其他犯罪定罪处罚。

第十二条　盗窃未遂,具有下列情形之一的,应当依法追究刑事责任:

(一)以数额巨大的财物为盗窃目标的;

(二)以珍贵文物为盗窃目标的;

(三)其他情节严重的情形。

盗窃既有既遂,又有未遂,分别达到不同量刑幅度的,依照处罚较重的规定处罚;达到同一量刑幅度的,以盗窃罪既遂处罚。

第十三条　单位组织、指使盗窃,符合刑法第二百六十四条及本解释有关规定的,以盗窃罪追究组织者、指使者、直接实施者的刑事责任。

第十四条　因犯盗窃罪,依法判处罚金刑的,应当在一千元以上盗窃数额的二倍以下判处罚金;没有盗窃数额或者盗窃数额无法计算的,应当在一千元以上十万元以下判处罚金。

第十五条　本解释发布实施后,《最高人民法院关于审理盗窃案件具体应用法律若干问题的解释》(法释〔1998〕4号)同时废止;之前发布的司法解释和规范性文件与本解释不一致的,以本解释为准。

维权后话

近几年,我开始学习青少年犯罪心理方面的知识,虽然钻研得不深,但是也有所收获。

孩子都知道,偷东西是不对的,可是,知道是错的,为什么还做呢?

也许,孩子明知道随随便便拿别人东西是不对的,但见到别人有自己喜欢的东西,就总希望自己也能有,但父母又不给买,于是就只好用"偷"来满足愿望。

也许,孩子明知道偷别人东西是不对的,但抱有侥幸心理,以为只是趁人不注意的时候悄悄地"拿"一个,不会被发现。

也许,孩子想在同龄朋友中表现自己,于是尝试一些冒险行为,比如盗窃,以此证明自己很勇敢。

凡此种种,不胜枚举。

作为家长、作为教师,当我们发现孩子偷东西之后,我们能做的就是及时发现并引导其改正。万万不能不问缘由一通暴打,这样只会使孩子产生抵触情绪和逆反心理。也不要随便给孩子贴上"小偷""坏孩子"的标签,这些言语刺激只会强化他的盗窃意识,甚至激起更加强烈的逆反心理。我们要选择合适的时机、合适的地点与孩子谈心,以保护孩子的自尊心为出发点,争取把事件的影响缩减到最小。

法律咨询手记

Q：入伍前，我是一名在校大学生，对于大学生士兵而言，有哪些优惠政策？

A：对自主就业的退役士兵，由部队发给一次性退役金，一次性退役金由中央财政专项安排；地方人民政府可以根据当地实际情况给予经济补助，经济补助标准及发放办法由省、自治区、直辖市人民政府规定。一次性退役金和一次性经济补助按照国家规定免征个人所得税。自主就业的退役士兵进入中等职业学校学习、报考成人高等学校或者普通高等学校的，按照国家有关规定享受优待。入伍前已被普通高等学校录取并保留入学资格或者正在普通高等学校就学的退役士兵，退出现役后2年内允许入学或者复学，并按照国家有关规定享受奖学金、助学金和减免学费等优待，家庭经济困难的，按照国家有关规定给予资助；入学后或者复学期间可以免修公共体育、军事技能和军事理论等课程,直接获得学分;入学或者复学后参加国防生选拔、参加国家组织的农村基层服务项目人选选拔,以及毕业后参加军官人选选拔的,优先录取。退役人员在继续实行普通高校应届毕业生退役后按规定享受加分政策的基础上,允许普通高校在校生(含高校新生)应征入伍服义务兵役退役,在完成本科学业后3年内参加全国硕士研究生招生考试,初试总分加10分,同等条件下优先录取。在部队荣立二等功及以上的退役人员,符合研究生报名条件的可免试(指初试)攻读硕士研究生。应征入伍服义务兵役前正在高校就读的学生(含高校新生),服役期间按国家有关规定保留学籍或入学资格,退役后2年内允许复学或入学。放宽退役大学生士兵复学转专业限制。大学生士兵退役后复学,经学校同意并履行相关程序后,可转入本校其他专业学习。国家对应征入伍服义务兵役的高校学生,在入伍时对其在校期间缴纳的学费实行一次性补偿或获得的国家助学贷款实行代偿;应征入伍服义务兵役前正在高校就读的学生(含高校新生),服役期间按国家有关规定保留学籍或入学资格、退役后自愿复学或入学的,国家实行学费减免;学费补偿、国家助学贷款代偿和学费减免标准,本专科学生每人每年最高不超过8000元,研究生每人每年最高不超过12000元。

Q:我从东北老家入伍,在南方城市某部队服役,服役期间结婚,现在打算退役后留在爱人的户口所在地,有哪些相关政策规定?

A:一般情况下,我国退役士兵安置地为退役士兵入伍时的户口所在地。但是,入伍时是普通高等学校在校学生的退役士兵,退出现役后不复学的,其安置地为入学前的户口所在地。如果,退役士兵有下列情形之一的,可以易地安置:(一)服现役期间父母户口所在地变更的,可以在父母现户口所在地安置;(二)符合军队有关现役士兵结婚规定且结婚满2年的,可以在配偶或者配偶父母户口所在地安置；（三）因其他特殊情况，由部队师（旅）级单位出具证明，经省级以上人民政府退役士兵安置工作主管部门批准易地安置的。易地安置的退役士兵享受与安置地退役士兵同等安置待遇。

Q：我的战友在一次训练中受伤，经治疗，现已出院，但是腿部留下了残疾，生活受到严重影响，他想评残，有哪些政策规定呢？

A：依据《军人抚恤优待条例》之规定，现役军人残疾被认定为因战致残、因公致残或者因病致残的，依照本条例的规定享受抚恤。因《军人抚恤优待条例》第八条第一款规定的情形之一导致残疾的，认定为因战致残；因第九条第一款规定的情形之一导致残疾的，认定为因公致残；义务兵和初级士官因第九条第一款第（三）项、第（四）项规定情形以外的疾病导致残疾的，认定为因病致残。残疾的等级，根据劳动功能障碍程度和生活自理障碍程度确定，由重到轻分为一级至十级。残疾等级的具体评定标准由国务院民政部门、劳动保障部门、卫生部门会同军队有关部门规定。现役军人因战、因公致残，医疗终结后符合评定残疾等级条件的，应当评定残疾等级。义务兵和初级士官因病致残符合评定残疾等级条件，本人（精神病患者由其利害关系人）提出申请的，也应当评定残疾等级。因战、因公致残，残疾等级被评定为一级至十级的，享受抚恤；因病致残，残疾等级被评定为一级至六级的，享受抚恤。因战、因公、因病致残性质的认定和残疾等级的评定权限是：（一）义务兵和初级士官的残疾，由军队军级以上单位卫生部门认定和评定；（二）现役军官、文职干部和中级以上士官的残疾，由军队军区级以上单位卫生部门认定和评定；（三）退出现役的军人和移交政府安置的军队离休、退休干部需要认定残疾性质和评定残疾等级的，由省级人民政府民政部门认定和评定。评定残疾等级，应当依据医疗卫生专家小组出具的残疾等级医学鉴定意见。残疾军人由认定残疾性质和评定残疾等级的机关发给《中华人民共和国残疾军人证》。现役军人因战、因公致残，未及时评定残疾等级，退出现役后或者医疗终结满3年后，本人（精神病患者由其利害关系人）申请补办评定残疾等级，有档案记载或者有原始医疗证明的，可以评定残疾等级。现役军人被评定残疾等级后，在服现役期间或者退出现役后残疾情况发生严重恶化，原定残疾等级与残疾情况明显不符，本人（精神病患者由其利害关系人）申请调整残疾等级的，可以重新评定残疾等级。退出现役的残疾军人，按照残疾等级享受残疾抚恤金。残疾抚恤金由县级人民政府民政部门发给。因工作需要继续服现役的残疾军人，经军队军级以上单位批准，由所在部队按照规定发给残疾抚恤金。残疾军人的抚恤金标准应当参照全国职工平均工资水平确定。残疾抚恤金的标准以及一级至十级残疾军人享受残疾抚恤金的具体办法，由国务院民政部门会同国务院财政部门规定。县级以上地方人民政府对依靠残疾抚恤金生活仍有困难的残疾军人，可以增发残疾抚恤金或者采取其他方式予以补助，保障其生活不低于当地的平均生活水平。退出现役的因战、因公致残的残疾军人因旧伤复发死亡的，由县级人民政府民政部门按照因公牺牲军人的抚恤金标准发给其遗属一次性抚恤金，其遗属享受因公牺牲军人遗属抚恤待遇。退出现役的因战、因公、因病致残的残疾军人因病死亡的，对其遗属增发12个月的残疾抚恤金，作为丧葬补助费；其中，因战、因公致残的一级至四级残疾军人因病死亡的，其遗属享受病故军人遗属抚恤待遇。退出现役的一级至四级残疾军人，由国家供养终身；其中，对需要长年医疗或者独身一人不便分散安置的，经省级人民政府民政部门批准，可以集中供养。对分散安置的一级至四级残疾军人发给护理费，护理费的标准为：（一）因战、因公一级和二级残疾的，为当地职工月平均工资的50%；（二）因战、因公三级和四级残疾的，为当地职工月平均工资的40%；（三）因病一级至四级残疾的，为当地职工月平均工资的30%。退出现役的残疾军人的护理费，由县级以上地方人民政府民政部门发给；未退出现役的残疾军人的护理费，经军队军级以上单位批准，由所在部队发给。残疾军人需要配制假肢、代步三轮车等辅助器械，正在服现役的，由军队军级以上单位负责解决；退出现役的，由省级人民政府民政部门负责解决。

Q：我父亲在自家后院建养鸡房，邻居加以阻拦，双方发生争执。我父亲被打伤，经医院检查，诊断为头皮水肿、面部擦伤。派出所没有拘留对方，合理吗？

A：依据《治安管理处罚法》第四十三条的规定："殴打他人的，或者故意伤害他人身体的，处五日以上十日以下拘留，并处二百元以上五百元以下罚款；情节较轻的，处五日以下拘留或者五百元以下罚款。有下列情形之一的，处十日以上十五日以下拘留，并处五百元以上一千元以下罚款：（一）结伙殴打、伤害他人的；（二）殴打、伤害残疾人、孕妇、不满十四周岁的人或者六十周岁以上的人的；（三）多次殴打、伤害他人或者一次殴打、伤害多人的。"邻居殴打你父亲的行为违反了本条规定。

另外，本案起因是民间纠纷，其行为性质、情节和社会危害程度等方面与打架斗殴有所区别。《治安管理处罚法》第九条规定："对于因民间纠纷引起的打架斗殴或者损毁他人财物等违反治安管理行为，情节较轻的，公安机关可以调解处理。经公安机关调解，当事人达成协议的，不予处罚。经调解未达成协议或者达成协议后不履行的，公安机关应当依照本法的规定对违反治安管理行为人给予处罚，并告知当事人可以就民事争议依法向人民法院提起民事诉讼。"邻居殴打你父亲的行为，情节较轻，如果双方达成调解协议并履行赔偿义务的话，派出所可以作出不予处罚的决定。

Q：表弟和一帮朋友在聚会上喝醉了酒，在酒店大堂被别人不小心碰了一下，他们五六个人借着酒劲儿把人给打了，酒店经理报了警。民警到现场之后，他们又打了民警。人伤得都不重，他们几个人被带回派出所，他们会被判刑吗？

A：你的表弟的行为违反了《治安管理处罚法》第二十六条的规定："有下列行为之一的，处五日以上十日以下拘留，可以并处五百元以下罚款；情节较重的，处十日以上十五日以下拘留，可以并处一千元以下罚款：（一）结伙斗殴的；（二）追逐、拦截他人的；（三）强拿硬要或者任意损毁、占用公私财物的；（四）其他寻衅滋事行为。"而《治安管理处罚法》第十五条规定："醉酒的人违反治安管理的，应当给予处罚。醉酒的人在醉酒状态中，对本人有危险或者对他人的人身、财产或者公共安全有威胁的，应当对其采取保护性措施约束至酒醒。"所以，醉酒的人是有责任能力的，不能以醉酒为理由免除法律的制裁，公安机关会对他们给予相应的治安处罚。

Q：老家亲戚和几个朋友在一家会所玩牌，警察接到举报后到现场发现桌上有钱包和一些钱、香烟等，认定他们在聚众赌博。不过，大家认罪态度好，警察当场决定每个人罚款 1000 元。大家都没有反对，当场缴纳了罚款。我认为这个做法不对，该怎么办？

A：依据《治安管理处罚法》第一百零四条之规定，受到罚款处罚的人应当自收到处罚决定书之日起十五日内，到指定的银行缴纳罚款。但是，有下列情形之一的，人民警察可以当场收缴罚款：（一）被处五十元以下罚款，被处罚人对罚款无异议的；（二）在边远、水上、交通不便地区，公安机关及其人民警察依照本法的规定作出罚款决定后，被处罚人向指定的银行缴纳罚款确有困难，经被处罚人提出的；（三）被处罚人在当地没有固定住所，不当场收缴事后难以执行的。也就是说，受到罚款处罚的人应当在规定期限内向指定的银行缴纳罚款，只有上述三种情况，警察可以直接收缴罚款。本案中，警察不应该当场收缴 50 元以上的罚款。如果受处罚人对行政机关作出的警告、罚款、没收违法所得、没收非法财物、责令停产停业、暂扣或者吊销许可证、暂扣或者吊销执照、行政拘留等行政处罚决定不服的，公民、法人或者其他组织可以依法申请行政复议。本案中，受处罚人可以向作出处罚决定的机关即当地公安机关的上一级公安机关提出复议申请，也可以向该公安机关所在地的基层人民法院提起行政诉讼。

Q：亲戚在老家开了一家小超市，区公安局接到举报称该店出售假烟假酒，遂作出罚款3000元、吊销营业执照的行政处罚。我们觉得，如果确证烟酒有假，罚款是可以接受的，但是，公安局有权吊销超市的营业执照吗？

A：依据《治安管理处罚法》第十条之规定，治安管理处罚的种类分为：（一）警告；（二）罚款；（三）行政拘留；（四）吊销公安机关发放的许可证。对违反治安管理的外国人，可以附加适用限期出境或者驱逐出境。本案中，公安局吊销超市的营业执照的处罚是违法的。公安机关只能吊销由公安机关发放的许可证，而营业执照是工商行政部门发放的，应该由发证的工商局吊销，公安局无权吊销营业执照。

Q：朋友购买了一种保健品，其广告宣传说可以降血糖、降血脂，只要按疗程服用，三个月就可以恢复正常。但三个月之后体检发现，不但没有好转，反而加重了。我可以要求他们赔偿吗？

A：保健品与药品有本质的区别，根据《保健食品管理办法》的规定，保健食品是不以治疗疾病为目的的食品，其生产由国家卫生行政部门审批；而根据《药品生产监督管理办法》的规定，药品有明确的主治功能和疗效，其文号由国家食品药品监督管理部门审批。我国《食品安全法》明确规定，国家对保健食品实行严格监督管理。保健食品的标签、说明书不得涉及疾病预防、治疗功能，内容应当真实，与注册或者备案的内容相一致，载明适宜人群、不适宜人群、功效成分或者标志性成分及其含量等，并声明"本品不能代替药物"。保健食品的功能和成分应当与标签、说明书相一致。保健食品广告除应当符合食品广告的一般规定外，还应当声明"本品不能代替药物"。按照法律规定,构成虚假宣传,对消费者造成损害的,由广告主承担赔偿责任。

Q:表妹在一家超市购买了一件标价为340元的上衣,回家后发现上衣有严重的质量问题,便去超市退货。结果发现超市柜台换人了,营业员也换了,于是找超市负责人协商退货,但是,超市认为销售商已经撤柜,其售出的货物与超市无关,拒绝承担赔偿责任。请问超市的说法合法吗?

A:依据《消费者权益保护法》之规定,消费者在展销会、租赁柜台购买商品或者接受服务,其合法权益受到损害的,可以向销售者或者服务者要求赔偿。展销会结束或者柜台租赁期满后,也可以向展销会的举办者、柜台的出租者要求赔偿。展销会的举办者、柜台的出租者赔偿后,有权向销售者或者服务者追偿。本案中,出租柜台的承租者在租赁期内损害消费者权益的,若消费者找不到承租方,那么,出租者都有先行赔偿消费者全部损失的义务。

Q:家属在某干洗店办理会员手续,一个月前,将一件价值7000余元的皮草大衣送去干洗,干洗费120元在会员卡内扣除。昨天,我们去取衣服时却被告知大衣丢失了。我们要求干洗店按价赔偿。但是,干洗店老板却说,只按洗衣费的5倍赔偿,这是他们的"店规",在会员卡上有标注,而且,这也是干洗业的"行规"。这样的店规、行规有效吗?

A:《消费者权益保护法》规定,经营者在经营活动中使用格式条款的,应当以显著方式提请消费者注意商品或者服务的数量和质量、价款或者费用、履行期限和方式、安全注意事项和风险警示、售后服务、民事责任等与消费者有重大利害关系的内容,并按照消费者的要求予以说明。经营者不得以格式条款、通知、声明、店堂告示等方式,作出排除或者限制消费者权利、减轻或者免除经营者责任、加重消费者责任等对消费者不公平、不合理的规定,不得利用格式条款并借助技术手段强制交易。格式条款、通知、声明、店堂告示等含有前款所列内容的，其内容无效。此外，经营者提供商品或者服务，造成消费者财产损害的，应当依照法律规定或者当事人约定承担修理、重作、更换、退货、补足商品数量、退还货款和服务费用或者赔偿损失等民事责任。本案中，所谓"店规"是违法的，是不受法律保护的。顾客因干洗店保管不慎造成大衣丢失而造成的损失，有权向干洗店索赔。

Q：弟弟在老家谈了个对象，交往了一段时间，感情尚可，双方家人就按照老家习俗办了订婚酒席。我家送了对方包括金银首饰、电脑、摩托车在内的彩礼共计 10 万余元。后来，两人常有矛盾，进而分手。送给对方的东西能要回来吗？

A：婚前赠送彩礼并非单纯以无偿转移财产为目的，而是为了保证婚姻目的的实现而实施的赠与，如果没能顺利结婚，那么赠送彩礼的前提就不存在了，根据法律规定，对方应当返还彩礼。

Q：表妹怀孕 7 个月了，妹夫起诉离婚，法院会判离婚吗？

A：依据《婚姻法》的规定，女方在怀孕期间、分娩后一年内或终止妊娠后 6 个月内，男方不得提出离婚。女方提出离婚的，或人民法院认为确有必要受理男方离婚请求的，不在此限。所以，男方不能够通过诉讼方式离婚。

Q：我在边防部队，爱人因为聚少离多，倍感疲惫，提出离婚诉讼。法院会判离婚吗？

A：我国《婚姻法》规定，现役军人的配偶要求与现役军人离婚，原则上必须得到现役军人的同意，否则，离婚请求不能得到法律保护。但是，如果军人一方有重大过错的除外。根据相关规定，"重大过错"是指：（一）重婚或有配偶者与他人同居的；（二）实施家庭暴力或虐待、遗弃家庭成员的；（三）有赌博、吸毒等恶习屡教不改的。如果现役军人存在上述三种情况就可以认为军人一方存在重大过错，此时，军人的配偶可以不经军人同意提起离婚诉讼。

Q：我们准备离婚，正在协商，需要注意哪些问题？如果协商不成，怎么办？

A：主要涉及两个方面，一是财产分配（债务分担），二是子女抚养。我国《婚姻法》规定："夫妻在婚姻关系存续期间所得的下列财产，归夫妻共同所有：（一）工资、奖金；（二）生产、经营的收益；（三）知识产权的收益；（四）继承或赠与所得的财产。但本法第十八条第三项规定的除外；（五）其他应当归共同所有的财产。夫妻对共同所有的财产，有平等的处理权。""有下列情形之一的，为夫妻一方的财产：（一）一方的婚前财产；（二）一方因身体受到伤害获得的医疗费、残疾人生活补助费等费用；（三）遗嘱或赠与合同中确定只归夫或妻一方的财产；（四）一方专用的生活用品；（五）其他应当归一方的财产。"离婚时，夫妻的共同财产由双方协议处理；协议不成时，由人民法院根据财产的具体情况，照顾子女和女方权益的原则判决。离婚时，原为夫妻共同生活所负的债务，应当共同偿还。共同财产不足清偿的，或财产归各自所有的，由双方协议清偿；协议不成时，由人民法院判决。父母与子女间的关系，不因父母离婚而消除。离婚后，子女无论由父或母直接抚养，仍是父母双方的子女。离婚后，父母对子女仍有抚养和教育的权利和义务。离婚后，哺乳期内的子女，以随哺乳的母亲抚养为原则。哺乳期后的子女，如双方因抚养问题发生争执不能达成协议时，由人民法院根据子女的权益和双方的具体情况判决。离婚后，一方抚养的子女，另一方应负担必要的生活费和教育费的一部分或全部，负担费用的多少和期限的长短，由双方协议；协议不成时，由人民法院判决。关于子女生活费和教育费的协议或判决，不妨碍子女在必要时向父母任何一方提出超过协议或判决原定数额的合理要求。

Q：我的老伴儿已经去世多年，我想写份遗嘱，把财产分给儿女们，可以吗？

A：公民有权处分自己的合法财产。根据《继承法》的规定，遗嘱继承优于法定继承。立遗嘱可以采取以下5种形式之一：公证遗嘱、自书遗嘱、代书遗嘱、录音遗嘱和口头遗嘱。其中，代书遗嘱、录音遗嘱和口头遗嘱必须有两个以上见证人在场见证，且见证人不得为无民事行为能力人、限制行为能力人、继承人、受遗赠人或与其有利害关系的人。

Q：我有个同学，她的配偶在工作中遭遇事故死亡，所在单位给了一笔抚恤金，她的大姑子要求分割这笔钱，还拿出一份遗嘱，要求分割弟弟的遗产，怎么办？

A：依据《继承法》之规定，遗产是公民死亡时遗留的个人合法财产，包括：公民的收入；公民的房屋、储蓄和生活用品；公民的林木、牲畜和家禽；公民的文物、图书资料；法律允许公民所有的生产资料；公民的著作权、专利权中的财产权利；公民的其他合法财产。本案中，抚恤金是死者生前单位或有关民政部门发放给死者直系亲属或其供养亲属的费用，具有抚恤的性质，不是遗产，不能包含在遗产范围内，所以不能作为遗产来进行分割。

Q：爷爷已经立了3份遗嘱，第一份是5年前他亲手写的，第二份是3年前立的，还去公证处公证过，最近一次是在住院的时候，写不了了，村里的支书去看他，他当着村支书和医生、护士的面，口头说的。到底哪份遗嘱有效？

A：依据《继承法》之规定，遗嘱人可以撤销、变更自己所立的遗嘱。立有数份遗嘱，内容相抵触的，以最后的遗嘱为准。自书、代书、录音、口头遗嘱，不得撤销、变更公证遗嘱。本案中，三份遗嘱在形式上都符合法定的形式要件,分别是自书遗嘱、公证遗嘱和口头遗嘱。这三份遗嘱中,虽然最后的口头遗嘱在时间上是最新的,但是,公证遗嘱的效力最高,其他遗嘱不能推翻公证遗嘱,除非再立一份公证遗嘱以推翻第二份公证遗嘱。

Q:邻居家在宅基地翻建新房,但是他家一楼外墙向外挑出一米,影响了我家正面的光线,怎么办?

A:这是相邻权纠纷。我国《民法通则》规定,不动产的相邻各方,应当按照有利生产、方便生活、团结互助、公平合理的精神,正确处理截水、排水、通行、通风、采光等方面的相邻关系。给相邻方造成妨碍或者损失的,应当停止侵害,排除妨碍,赔偿损失。《物权法》规定,建造建筑物,不得违反国家有关工程建设标准,妨碍相邻建筑物的通风、采光和日照。因此,可以要求邻居拆除相应建筑。

Q:我们小区的物业公司不履行职责,对小区管理不到位,安保不合格,设施不维护,卫生不达标,经常断水断电。每每报修,工作人员服务态度极差。我们业主多次与物业公司协商,要求提高服务质量,都得不到任何改善。小区很多业主都不缴纳物业费了,我也犹豫了,不知该怎么办。

A:依据《物权法》之规定,下列事项由业主共同决定:(一)制定和修改业主大会议事规则;(二)制定和修改建筑物及其附属设施的管理规约;(三)选举业主委员会或者更换业主委员会成员;(四)选聘和解聘物业服务企业或者其他管理人;(五)筹集和使用建筑物及其附属设施的维修资金;(六)改建、重建建筑物及其附属设施;(七)有关共有和共同管理权利的其他重大事项。决定前款第五项和第六项规定的事项,应当经专有部分占建筑物总面积三分之二以上的业主且占总人数三分之二以上的业主同意。决定前款其他事项,应当经专有部分占建筑物总面积过半数的业主且占总人数过半数的业主同意。《最高人民法院关于审理物业服务纠纷案件具体应用法律若干问题的解释》亦规定，经书面催交，业主无正当理由拒绝交纳或者在催告的合理期限内仍未交纳物业费，物业服务企业请求业主支付物业费的，人民法院应予支持。物业服务企业已经按照合同约定及相关规定提供服务，业主仅以未享受或者无须接受相关物业服务为抗辩理由的，人民法院不予支持。业主大会按照《物权法》第七十六条规定的程序作出解聘物业服务企业的决定后，业主委员会请求解除物业服务合同的，人民法院应予支持。物业服务企业向业主委员会提出物业费主张的，人民法院应当告知其向拖欠物业费的业主另行主张权利。也就是说，业主和物业公司是服务合同法律关系，物业公司按照合同约定提供相应的物业服务，业主按照合同约定支付物业费。如果物业公司的服务存在瑕疵，履行合同不完全，业主可以要求物业公司在一定的期限内进行改善，如果物业公司承诺的服务设施和服务质量仍不能符合合同约定，业主可以解除双方的物业服务合同，但是，单独业主不可以行使合同解除权，要以成立业主委员会为基础，经业主大会三分之二表决通过，才可以更换物业公司。如果业主仅以不缴纳物业费的方式表达对服务的不满，是解决不了问题的，反而会导致物业公司诉讼要求业主支付物业费的情况发生，所以，建议全体业主达成共识，以此促使物业公司改善服务。

Q：最近小区里经常发生入室盗窃案件，公安机关侦查得知，小偷大多是沿着防盗栏攀爬上来，偷偷潜入未安装防盗栏的住户家中。小区很多家住户都开始安装防盗栏，而物业公司却要求大家限期拆除防护栏，理由是每户都安装防护栏的话，商品房墙体无法承受，会危及建筑物的安全，可能造成更为严重的后果。请问这事该如何处置？

A：依据《物权法》之规定，业主对建筑物内的住宅、经营性用房等专有部分享有所有权,对专有部分以外的共有部分享有共有和共同管理的权利。业主对其建筑物专有部分享有占有、使用、收益和处分的权利。业主行使权利不得危及建筑物的安全,不得损害其他业主的合法权益。物业服务企业或者其他管理人根据业主的委托管理建筑区划内的建筑物及其附属设施,并接受业主的监督。《物业管理条例》亦规定,违反本条例的规定,有下列行为之一的,由县级以上地方人民政府房地产行政主管部门责令限期改正,给予警告,并按照本条第二款的规定处以罚款;所得收益,用于物业管理区域内物业共用部位、共用设施设备的维修、养护,剩余部分按照业主大会的决定使用:(一)擅自改变物业管理区域内按照规划建设的公共建筑和共用设施用途的;(二)擅自占用、挖掘物业管理区域内道路、场地,损害业主共同利益的;(三)擅自利用物业共用部位、共用设施设备进行经营的。个人有前款规定行为之一的,处 1000 元以上 1 万元以下的罚款;单位有前款规定行为之一的,处 5 万元以上 20 万元以下的罚款。本案中,在自家阳台安装防盗栏,不仅仅是自己家的事,还涉及对建筑物专有部分行使权利不得危及建筑物安全,不得损害其他业主的合法权益等问题。只有全体业主召开大会,并且经三分之二业主表决同意安装防盗栏,同时在不违反地方政府相关规定的情况下,业主方可以安装防盗栏。

Q: 父母在老家购买了一套商品房,住进去不久就发现客厅墙面开裂,地面下沉。后来委托专业机构鉴定得知,该楼层主体结构不符合国家建筑结构规范,墙角裂缝宽度超出允许范围。父母找开发商要求退房,开发商不同意退房,只同意维修。怎么办?

A: 依据《最高人民法院关于审理商品房买卖合同纠纷案件适用法律若干问题的解释》之规定,因房屋主体结构质量不合格不能交付使用,或者房屋交付使用后,房屋主体结构质量经核验确属不合格,买受人请求解除合同和赔偿损失的,应予支持。《城市房地产开发经营管理条例》亦规定,房地产开发企业开发建设的房地产项目,应当符合有关法律、法规的规定和建筑工程质量、安全标准、建筑工程勘察、设计、施工的技术规范及合同的约定。房地产开发企业应当对其开发建设的房地产开发项目的质量承担责任。勘察、设计、施工、监理等单位应当依照有关法律、法规的规定或者合同的约定,承担相应的责任。房地产开发项目竣工,经验收合格后,方可交付使用;未经验收或者验收不合格的,不得交付使用。商品房交付使用后,购买人认为主体结构质量不合格的,可以向工程质量监督单位申请重新核验。经核验,确属主体结构质量不合格的,购买人有权退房;给购买人造成损失的,房地产开发企业应当依法承担赔偿责任。通常,商品房质量问题有三种:一是商品房主体质量不合格,即房屋地基基础工程和主体结构工程不合格;二是房屋主体质量合格,但房屋有严重质量问题而严重影响正常居住使用;三是房屋存在质量问题,但尚未达到"严重影响正常居住使用"程度的。针对不同情况,做不同处理:第一,商品房主体质量不合格的,购房人首先应当向工程质量监督单位申请重新检验,经检验确属主体结构质量不合格的,购房人有权解除商品房买卖合同,主张退房并要求开发商赔偿损失。第二,房屋主体质量合格,但房屋有严重质量问题而严重影响正常居住使用的。"严重影响正常居住使用"是指购房人所购买的房屋出现严重质量问题,且该质量问题经过修缮仍无法保证购房者人身安全、财产安全和正常居住使用。购房人订立房屋买卖合同的目的是购买功能正常、宜居宜住的房屋,开发商交付的房屋存在严重质量问题,致使购房人无法实现居住使用的目的,构成根本违约,购房人可以要求解除合同,并要求开发商赔偿损失。这种情况需要对房屋质量进行鉴定,证明该房屋客观存在质量问题、存在损害结果且两者之间具有因果关系。第三,房屋存在质量问题,但尚未达到"严重影响正常居住使用"程度的,开发商不构成根本违约,仅存在部分违约的问题,所以,购房人不能要求解除合同并退房。若在保修期内,由开发商承担修缮责任,如果开发商拒绝承担该义务,或者未在合理期限内修缮,购房人可以自行修缮或自行委托专业人员修缮,其费用由开发商承担。

Q:去年,我通过中介丙方与乙方订立了一份三方《购房协议》,约定以120万元购买乙方房产,中介费为3万元。之后按约支付了定金,但是,签订买卖合同时,我们买卖双方产生分歧,双方同意解除购房协议。中介认为,虽然双方没有签订正式的买卖合同,但是《购房协议》对房款支付、过户及交付等都已明确约定,视为交易已经完成,甲乙双方应当全额支付中介费。我该怎么办?

A:依据《合同法》第四百二十六条之规定,居间人促成合同成立的,委托人应当按照约定支付报酬。对居间人的报酬没有约定或者约定不明确,依照本法第六十一条的规定仍不能确定的,根据居间人的劳务合理确定。因居间人提供订立合同的媒介服务而促成合同成立的,由该合同的当事人平均负担居间人的报酬。居间人促成合同成立的,居间活动的费用,由居间人负担。依据第四百二十七条之规定,居间人未促成合同成立的,不得要求支付报酬,但可以要求委托人支付从事居间活动支出的必要费用。对于中介费,国家并没有明确的法律规定,只是各级地方政府、工商局、物价局等有相应的文件规定中介费收费标准。房产经纪人就是提供的居间服务,本案中,并未约定中介费的收取方案,只能以双方的买卖成立作为中介公司是否完成居间服务的衡量依据。依据《购房协议》,三方约定的内容非常详细,包括了标的、付款金额、付款方式、付款时间、房屋过户及交付等内容,可以认定买卖法律关系成立,因此,中介的主张是有法律依据的。

Q:年初,母亲将门面房出租给别人,租期为一年,年租金为12000元。年底,母亲把房子卖给了另外一个人。租赁期满,母亲让租户腾出店面,租户却一直占用。我们该怎么办?

A:我国《合同法》明确规定,租赁期间届满,承租人应当返还租赁物。也就是说，租赁期满后，承租人无权继续使用租赁物，作为出租人，可以要求承租人腾退房屋，若承租人不及时返还租赁物，应当承担违约责任。

Q：我和老伴儿有一套商品房，三年前，在公证处办理了房屋赠与及房屋受赠公证，将房屋赠与女儿。之后，我们住在这套房里，女儿住在婆家。去年，我老伴儿生病了，我和女儿轮流陪护。最近，女儿经常和我们闹矛盾，我和老伴儿认为她不孝顺，不想把房子赠与她了。请问这样可以吗？

A：依据《合同法》的规定，赠与合同是赠与人将自己的财产无偿给予受赠人，受赠人表示接受赠与的合同。你们自愿将房屋赠与女儿，女儿也接受赠与，赠与行为依法成立。法律规定，赠与人在赠与财产的权利转移之前可以撤销赠与。但是，具有救灾、扶贫等社会公益、道德义务性质的赠与合同或者经过公证的赠与合同，不适用前款规定。也就是说，一般情况下，你们经过公证的赠与合同，是不可以撤销的。除非受赠人有法律规定的下列情形之一的，赠与人可以撤销赠与：（一）严重侵害赠与人或者赠与人的近亲属；（二）对赠与人有扶养义务而不履行；（三）不履行赠与合同约定的义务。赠与人的撤销权，自知道或者应当知道撤销原因之日起一年内行使。本案中，女儿没有严重侵害你们的权益，也履行了一定的赡养义务，所以，目前来看，尚不能撤销赠与。

Q：我老婆帮她的朋友担保，写了一份担保书："我自愿为田某欠江某的欠款（10万元）担保，如田某到期不能还清借款，由我负责还款。"现在，江某到法院起诉我老婆，要求她承担担保责任，我该怎么办？

A：我国《担保法》规定，保证人与债权人应当以书面形式订立保证合同。本案属于一般保证责任，也就是说，作为一般保证的保证人在主合同纠纷未经审判或者仲裁，并就债务人财产依法强制执行仍不能履行债务前,可以拒绝承担担保责任。

Q:我朋友做生意急需资金周转,找人借了15万元,他把自己的机动车抵押给对方,对方要担保人。在朋友再三恳求下,我就答应了,作为担保人在借条上签了字。结果借款到期后,我朋友跑了,对方找不到他,就到法院起诉我,我该怎么办?

A:《物权法》规定,被担保的债权既有物的担保又有人的担保的,债务人不履行到期债务或者发生当事人约定的实现担保物权的情形,债权人应当按照约定实现债权;没有约定或者约定不明确,债务人自己提供物的担保的,债权人应当先就该物的担保实现债权;第三人提供物的担保的,债权人可以就物的担保实现债权,也可以要求保证人承担保证责任。提供担保的第三人承担担保责任后,有权向债务人追偿。《担保法》规定,本法所称保证,是指保证人和债权人约定,当债务人不履行债务时,保证人按照约定履行债务或者承担责任的行为。同一债权既有保证又有物的担保的,保证人对物的担保以外的债权承担保证责任。债权人放弃物的担保的,保证人在债权人放弃权利的范围内免除保证责任。也就是说,当债务人不履行到期债务或发生当事人约定的实现担保物权的情形,债权人应当按照约定实现债权。在没有约定的情况下,并出现物的担保与人的保证同时存在的情况时,物的担保应优先适用。本案中,债务人下落不明,债权人无法实现其债权,在没有约定的情况下,应当优先处分抵押物,不足部分由保证人承担连带清偿责任。保证人偿还债务后,可以向债务人追偿。

Q:在某品牌专卖店,我看中一套沙发,当时就签了合同,约定整套沙发价格为3万元,付款方式是预付款1万元,余款在验收合格后一次性付清。商家出具了收条,写明收到定金1万元。结果,商家没有按合同交付沙发。经多次催要,商家既没有交付沙发,也没有返还预付款。我该怎么办?

A：本案可以适用定金罚则。我国《担保法》规定，当事人可以约定一方向对方给付定金作为债权的担保。债务人履行债务后，定金应当抵作价款或者收回。给付定金的一方不履行约定的债务的，无权要求返还定金；收受定金的一方不履行约定的债务的，应当双倍返还定金。而定金的数额可以由当事人约定，但不得超过主合同标的额的20%。

此外，根据《最高人民法院关于适用〈中华人民共和国担保法〉若干问题的司法解释》，当事人约定的定金数额超过主合同标的额20%的，超过的部分，人民法院不予支持。

本案中，1万元的定金数额超过了主合同标的额的20%，超过的4000元可以认定为货款，6000元定金适用双倍罚则。因此，商家应当向你支付双倍定金12000元，同时返还货款4000元。

Q：我朋友去年与对方签订了一份买卖合同，货物标的价值200万元，合同明确约定，任何一方违约，需向对方支付15万元的违约金。后来，对方违约了，但是我朋友的实际损失是5万元，所以，对方只愿意承担5万元的赔偿责任。我朋友该怎么办？

A：依据《合同法》之规定，当事人可以约定一方违约时应当根据违约情况向对方支付一定数额的违约金，也可以约定因违约产生的损失赔偿额的计算方法。约定的违约金低于造成的损失的，当事人可以请求人民法院或者仲裁机构予以增加；约定的违约金过分高于造成的损失的，当事人可以请求人民法院或者仲裁机构予以适当减少。当事人就迟延履行约定违约金的，违约方支付违约金后，还应当履行债务。最高人民法院关于适用《中华人民共和国合同法》若干问题的解释（二）第二十八条规定，当事人依照《合同法》第一百一十四条第二款的规定，请求人民法院增加违约金的，增加后的违约金数额以不超过实际损失额为限。增加违约金以后，当事人又请求对方赔偿损失的，人民法院不予支持。第二十九条规定，当事人主张约定的违约金过高请求予以适当减少的，人民法院应当以实际损失为基础，兼顾合同的履行情况、当事人的过错程度及预期利益等综合因素，根据公平原则和诚实信用原则予以衡量，并作出裁决。当事人约定的违约金超过造成损失的30%的，一般可以认定为《合同法》第一百一十四条第二款规定的"过分高于造成的损失"。由此可见，我国《合同法》中的违约金的性质主要是补偿性，有限度地体现惩罚性。首先，违约金的支付数额是根据违约情况确定的，即违约金的约定应当估计到一方违约而可能给另一方造成的损失，明显不相等称的违约金数额是不合理的。其次，如果当事人约定的违约金数额低于或高于违约造成的损失的，当事人可以请求人民法院或仲裁机构予以适当增加或减少，以使违约金与实际损失大致对等，也即违约金之补偿性。所以，当事人约定的违约金要以实际损失为基数上下浮动，约定过高或过低的，当事人可以向人民法院或仲裁机构寻求救济，人民法院应当以实际损失为基础，兼顾合同的履行情况、当事人的过错情况和预期利益等综合因素，作出公平裁决。本案违约金超过造成实际损失的30%，可以认定为"过分高于造成的损失"，所以，适当减少违约金数额是合理的。

Q：我将一辆上了全险的家用轿车转手卖给朋友，签了合同，办了过户手续。前段时间，朋友驾驶不当，发生交通事故，将行人撞伤导致残疾，交通事故认定朋友负事故全部责任。朋友找保险公司要求理赔，遭保险公司拒赔，理由是该车辆没有按照保险合同的约定书面通知保险公司并办理变更手续。我们该怎么办？

A：依据《道路交通安全法》之规定，机动车发生交通事故造成人身伤亡、财产损失的，由保险公司在机动车第三者责任强制保险责任限额范围内予以赔偿；不足的部分，按照下列规定承担赔偿责任：（一）机动车之间发生交通事故的，由有过错的一方承担赔偿责任；双方都有过错的，按照各自过错的比例分担责任。（二）机动车与非机动车驾驶人、行人之间发生交通事故，非机动车驾驶人、行人没有过错的,由机动车一方承担赔偿责任;有证据证明非机动车驾驶人、行人有过错的,根据过错程度适当减轻机动车一方的赔偿责任;机动车一方没有过错的,承担不超过百分之十的赔偿责任。交通事故的损失是由非机动车驾驶人、行人故意碰撞机动车造成的,机动车一方不承担赔偿责任。另据《机动车交通事故责任强制保险条例》第二十二条之规定,有下列情形之一的,保险公司在机动车交通事故责任强制保险责任限额范围内垫付抢救费用,并有权向致害人追偿:(一)驾驶人未取得驾驶资格或者醉酒的;(二)被保险机动车被盗抢期间肇事的;(三)被保险人故意制造道路交通事故的。有前款所列情形之一,发生道路交通事故的,造成受害人的财产损失,保险公司不承担赔偿责任。本案中,双方没有按照合同的约定书面通知保险公司并办理变更手续,但是,基于原车主的认可,且采用格式合同条款订立合同的,对于免除己方责任、加重对方责任、排除对方主要权利的条款无效。所以,保险公司应当在机动车第三者责任强制保险责任限额范围内直接赔偿受害者,超过限额范围部分由你的朋友自行承担。

Q:买车必须缴纳交强险,不然不能上路行驶,为什么?

A:依据《机动车交通事故责任强制保险条例》之规定,被保险机动车发生道路交通事故造成本车人员、被保险人以外的受害人人身伤亡、财产损失的,由保险公司依法在机动车交通事故责任强制保险责任限额范围内予以赔偿。道路交通事故的损失是由受害人故意造成的,保险公司不予赔偿。而有下列情形之一的,保险公司在机动车交通事故责任强制保险责任限额范围内垫付抢救费用,并有权向致害人追偿:(一)驾驶人未取得驾驶资格或者醉酒的;(二)被保险机动车被盗抢期间肇事的;(三)被保险人故意制造道路交通事故的。有前款所列情形之一,发生道路交通事故的,造成受害人的财产损失,保险公司不承担赔偿责任。此外,机动车交通事故责任强制保险在全国范围内实行统一的责任限额。

责任限额分为死亡伤残赔偿限额、医疗费用赔偿限额、财产损失赔偿限额及被保险人在道路交通事故中无责任的赔偿限额。我们简称的"交强险"是指"机动车交通事故责任强制保险",是由保险公司对被保险机动车发生交通事故受害人(不包括本车人员和被保险人)的人身伤亡、财产损失,在责任限额内予以赔偿的强制性责任保险。交强险责任限额是指被保险机动车在保险期间(通常为1年)发生交通事故,保险公司对每次保险事故所有受害人的人身伤亡和财产损失所承担的最高赔偿金额。目前,交强险最高赔偿限额为12.2万元,其中死亡赔偿限额为11万元,医疗费用赔偿限额为1万元,财产损失赔偿限额为2000元。

Q:我儿子今年9岁,在寄宿制学校上学,晚上熄灯后,同宿舍的小竹与其打闹,造成我儿子手臂骨折。现在学校和小竹的家长都不愿意承担赔偿责任。怎么办?

A:《侵权责任法》规定,无民事行为能力人、限制民事行为能力人造成他人损害的,由监护人承担侵权责任。也就是说,小竹的家长依法应当赔偿。而无民事行为能力人在幼儿园、学校或者其他教育机构学习、生活期间受到人身损害的,幼儿园、学校或者其他教育机构应当承担责任,但能够证明尽到教育、管理职责的,不承担责任。本案中,学校熄灯后应当有专门的生活老师对未成年学生的就寝情况进行巡视,学校没有巡视所以未及时发现问题,以致伤害事故的发生。学校存在一定的过错,应当成为赔偿主体。小竹的家长和学校按照一定的比例,共同承担赔偿责任。

Q:孩子在小区内玩耍,被小筱养的大型犬咬伤,怎么办?

A:一是及时就医,注射狂犬疫苗;二是找小筱协商赔偿。依据《侵权责任法》,饲养的动物造成他人损害的,动物饲养人或者管理人应当承担侵权责任,但能够证明损害是因被侵权人故意或者重大过失造成的,可以不承担或者减轻责任。也就是说,饲养动物损害赔偿纠纷适用的是无过错责任的归责原则,即只要其饲养或管理的动物对他人造成了损害,动物饲养人或管理人就应当承担侵权责任。如果动物饲养人或管理人想要减轻或者不想承担责任,就必须证明被侵权人的损害是因为他自己行为的故意或重大过失造成的。

Q:我在网上购买了一辆折叠自行车,原价1099元,网站公布的活动价是999元。活动当天,我下单订购。付款后才发现,我支付了1099元。我觉得这家网店是欺诈消费者,可以要求赔偿吗?

A:依据《消费者权益保护法》,消费者享有知悉其购买、使用的商品或者接受的服务的真实情况的权利。与之相对应,经营者向消费者提供有关商品或者服务的质量、性能、用途、有效期限等信息,应当真实、全面,不得做虚假或者引人误解的宣传。经营者提供商品或者服务应当明码标价。

如果经营者不履行告知义务,进行虚假宣传误导消费者的,就属于欺诈消费者的行为。依据《消费者权益保护法》,经营者提供商品或者服务有欺诈行为的,应当按照消费者的要求增加赔偿其受到的损失,增加赔偿的金额为消费者购买商品的价款或者接受服务的费用的3倍;增加赔偿的金额不足500元的,按500元赔偿。法律另有规定的,依照其规定。本案中,你可以在自己的损失得到全部补偿之后,再得到相当于原有损失3倍的赔偿。

Q:妹妹办了一个幼儿早教中心,有一名教师严重违反纪律,可以开除她吗?

A:依据《劳动合同法》第三十九条,劳动者严重违反用人单位的规章制度的,用人单位可以辞退劳动者。

Q:我哥哥前两年退伍了,被A公司派到B公司工作,签订的合同上约定月工资3150元。半年之后,B公司让我哥到另一个岗位工作,新岗位的工资标准远低于原工资标准。我哥找两家公司谈了几次,没谈妥,他就辞职了。我哥能不能告两家公司,要公司支付经济补偿金?

A:这是劳务派遣,通常有两份合同,一份是用人单位与被派遣劳动者签订的劳动合同;还有一份是用人单位和用工单位签订的劳务派遣协议。依据《劳动合同法》,劳务派遣单位是本法所称用人单位,应当履行用人单位对劳动者的义务。劳务派遣单位与被派遣劳动者订立的劳动合同,除应当载明本法第十七条规定的事项外,还应当载明被派遣劳动者的用工单位及派遣期限、工作岗位等情况。劳务派遣单位应当与被派遣劳动者订立2年以上的固定期限劳动合同,按月支付劳动报酬;被派遣劳动者在无工作期间,劳务派遣单位应当按照所在地人民政府规定的最低工资标准,向其按月支付报酬。劳务派遣单位派遣劳动者应当与接受以劳务派遣形式用工的单位(以下称用工单位)订立劳务派遣协议。劳务派遣协议应当约定派遣岗位和人员数量、派遣期限、劳动报酬和社会保险费的数额与支付方式及违反协议的责任。用工单位应当根据工作岗位的实际需要与劳务派遣单位确定派遣期限,不得将连续用工期限分割订立数个短期劳务派遣协议。因此,劳务派遣劳动者应当向劳务派遣单位(即用人单位)主张经济补偿金。但是,你哥哥主动辞职,不符合法律规定的支付经济补偿金的情形。

Q:我姐姐在一家酒店工作,签了劳动合同,但酒店没有缴纳社会保险,还在合同上写了一条"工伤概不负责"。姐姐骑电动车上班途中被大货车撞伤,经劳动鉴定委员会鉴定为伤残六级。酒店需要承担赔偿责任吗?

A:依据《工伤保险条例》,职工在上下班途中,受到非本人主要责任的交通事故或者城市轨道交通、客运轮渡、火车事故伤害的,应当认定为工伤。酒店在劳动合同上写的"工伤概不负责",不能免除其赔偿责任。依据《社会保险法》,职工应当参加工伤保险,由用人单位缴纳工伤保险费,职工不缴纳工伤保险费。职工所在用人单位未依法缴纳工伤保险费,发生工伤事故的,由用人单位支付工伤保险待遇。用人单位不支付的,从工伤保险基金中先行支付。从工伤保险基金中先行支付的工伤保险待遇应当由用人单位偿还。用人单位不偿还的,社会保险经办机构可以依法追偿。再者,《劳动合同法》规定,用人单位免除自己的法定责任、排除劳动者权利的,劳动合同无效或部分无效。所以,酒店不能以该约定为由不承担赔偿责任,该工伤保险待遇全部由酒店支付。

Q:我爱人怀孕了,但是没有影响工作,公司却发了一个通知,宣布解除劳动合同,我们该怎么办?

A:为保障妇女的劳动权益,《妇女权益保障法》规定,任何单位不得因结婚、怀孕、产假、哺乳等情形,降低女职工的工资,辞退女职工,单方解除劳动(聘用)合同或者服务协议。但是,女职工要求终止劳动(聘用)合同或者服务协议的除外。《劳动合同法》也明确规定了女职工在孕期、产期、哺乳期的,用人单位不得解除劳动合同的情形,除非有法定的其他情形的。这种情况下,有两种解决方式供你们选择。如果你爱人不同意公司解除劳动合同,可以主张继续履行合同,并要求公司赔偿合同解除之日至恢复之日的工资损失。如果不要求继续履行合同,可以要求公司支付解除劳动合同的经济补偿金。经济补偿按劳动者在本单位工作的年限,每满一年支付一个月工资的标准向劳动者支付。6个月以上不满一年的,按一年计算;不满6个月的,向劳动者支付半个月工资的经济补偿。劳动者月工资高于用人单位所在直辖市、设区的市级人民政府公布的本地区上年度职工月平均工资3倍的,向其支付经济补偿的标准按职工月平均工资3倍的数额支付,向其支付经济补偿的年限最高不超过12年。其中,月工资是指劳动者在劳动合同解除或者终止前12个月的平均工资。

Q：我有个远房亲戚,无证驾驶两轮摩托车,车上挤了 4 个人,因为超载且遇转弯操作不当,导致交通事故,其中一人经医院抢救无效死亡。事故大队认定我亲戚负全部责任。他会被判刑吗?

A：违反交通管理法规,发生重大交通事故,致人重伤、死亡或者是公私财产遭受重大损失,危害公共安全的行为,构成交通肇事罪。依据《刑法》,犯交通肇事罪的,处 3 年以下有期徒刑或者拘役;交通运输肇事后逃逸或者有其他特别恶劣情节的,处 3 年以上 7 年以下有期徒刑;因逃逸致人死亡的,处 7 年以上有期徒刑。

Q：老家邻居和我父母有点小矛盾,扬言要放火烧我家房子,我们该怎么办?

A：可以友情提醒他,如果故意毁坏公私财物,数额较小、情节较轻的,按照《治安管理处罚法》的规定,给予拘留或警告,单处或并处罚款,责令赔偿损失。依据《刑法》的规定,故意毁坏公私财物,数额较大或者有其他严重情节的,处 3 年以下有期徒刑、拘役或者罚金;数额巨大或者有其他特别严重情节的,处 3 年以上 7 年以下有期徒刑。

Q：住在 A 区的阿勒租用我家的门面房,门面房在 B 区,现在因为房屋租赁合同纠纷,我们准备起诉他,要在哪个法院起诉?

A：依据《民事诉讼法》的规定,民事诉讼一般由被告住所地的人民法院管辖,但是不动产纠纷属于专属管辖,应当由不动产所在地的法院管辖。因为案涉房屋在 B 区,所以到该区基层人民法院起诉。

Q：我有两个儿子一个女儿,老伴儿过世之后我就一个人住,儿女们都在外地工作。我要告他们,让他们给赡养费。我该到哪里告?

A：依据《最高人民法院关于适用〈中华人民共和国民事诉讼法〉的解释》，追索赡养费、抚育费、扶养费案件的几个被告住所地不在同一辖区的，可以由原告住所地人民法院管辖。所以，你可以在自己所在区人民法院起诉。

Q：朋友有一个合同纠纷，已经在法院诉讼阶段，但是，审理该案的法官是被告的表哥，该怎么办？

A：依据《民事诉讼法》的规定，当事人可以提出回避申请，在案件开始审理时提出，并说明理由；如果回避事由是在案件开始审理之后才知道的，可以在法庭辩论终结前提出。被申请回避的人员在人民法院作出是否回避的决定前，应当暂停参与本案的工作，但案件需要采取紧急措施的除外。

Q：表弟夫妇二人感情破裂，诉讼离婚，但是，表弟不想和对方碰面，可以书面委托代理人出庭诉讼吗？

A：依据《民事诉讼法》的规定，离婚案件有诉讼代理人的，本人除不能表达意思的以外，仍应出庭；确因特殊情况无法出庭的，必须向人民法院提交书面意见。如果只是因为不想看到对方而不出庭是不行的。

Q：表弟起诉离婚，经人民法院一审判决不准离婚。他不服判决，遂提出上诉，二审法院裁定维持原判。3 个月之后，他又起诉要求离婚，法院不予受理。合理吗？

A：依据《民事诉讼法》之规定，判决不准离婚和人民法院对下列起诉，分别情形，予以处理：（一）依照行政诉讼法的规定，属于行政诉讼受案范围的，告知原告提起行政诉讼；（二）依照法律规定，双方当事人达成书面仲裁协议申请仲裁、不得向人民法院起诉的，告知原告向仲裁机构申请仲裁；（三）依照法律规定，应当由其他机关处理的争议，告知原告向有关机关申请解决；（四）对不属于本院管辖的案件，告知原告向有管辖权的人民法院起诉；（五）对判决、裁定、调解书已经发生法律效力的案件，当事人又起诉的，告知原告申请再审，但人民法院准许撤诉的裁定除外；（六）依照法律规定，在一定期限内不得起诉的案件，在不得起诉的期限内起诉的，不予受理；（七）判决不准离婚和调解和好的离婚案件，判决、调解维持收养关系的案件，没有新情况、新理由，原告在6个月内又起诉的，不予受理。也就是说，在判决生效后6个月内不得重新起诉离婚，但是，有新事实、新理由的，可以向人民法院再行起诉，在这种情况下，人民法院应当受理。

Q：我家有个案子，已经在某区人民法院和某市中级人民法院开庭审理，而且两个法院都有判决书，我们不服那两份判决，还能向高级人民法院上诉吗？

A：我国实行两审终审制，二审判决是终审判决，一经送达即发生法律效力，当事人应当按照判决书的判决执行。如果当事人对判决不服，不能上诉，只能申诉或申请再审。具体规定在《民事诉讼法》第一百九十九条："当事人对已经发生法律效力的判决、裁定，认为有错误的，可以向上一级人民法院申请再审；当事人一方人数众多或者当事人双方为公民的案件，也可以向原审人民法院申请再审。当事人申请再审的，不停止判决、裁定的执行。"

Q：同学在老家工作，一天，他骑自行车上班途中被闯红灯的小轿车撞伤，全身多处骨折，出院之后在家休息。轿车司机拒绝赔偿，同学准备起诉对方。因为不能亲自出庭诉讼，所以委托律师"全权代理"。委托合同当中的"全权代理"到底是什么？

A：依据《最高人民法院关于适用〈中华人民共和国民事诉讼法〉若干问题的意见》之规定，当事人向人民法院提交的授权委托书，应在开庭审理前送交人民法院。授权委托书仅写"全权代理"而无具体授权的，诉讼代理人无权代为承认、放弃、变更诉讼请求，进行和解，提起反诉或者上诉。也就是说，一般情况下，代理有"一般代理"和"特别授权代理"两种。第二种要求委托人授权具体事宜，必须清楚地写在授权委托书上。本案中，如果你的同学希望律师独立代理诉讼，自己省时省力，就应当在授权委托书中将授权范围确定清楚，即"代理权限为特别授权：代为承认、放弃、变更诉讼请求，进行和解，提起反诉或者上诉。"

Q：老家亲戚在一个私营企业打工，因为设备故障造成左上肢和左侧面部严重受伤，住院期间，老板交了 10000 元押金，就不肯再续交了。他向家里亲戚朋友借了一圈，凑足了手术费，现在出院休养。他想起诉企业要求赔偿，诉讼费可以缓交吗？

A：依据《诉讼费交纳办法》之规定，当事人申请司法救助，符合下列情形之一的，人民法院应当准予缓交诉讼费用：（一）追索社会保险金、经济补偿金的；（二）海上事故、交通事故、医疗事故、工伤事故、产品质量事故或者其他人身伤害事故的受害人请求赔偿的；（三）正在接受有关部门法律援助的；（四）确实需要缓交的其他情形。若当事人申请司法救助，应当在起诉或者上诉时提交书面申请、足以证明其确有经济困难的证明材料及其他相关证明材料。因生活困难或者追索基本生活费用申请免交、减交诉讼费用的，还应当提供本人及其家庭经济状况符合当地民政、劳动保障等部门规定的公民经济困难标准的证明。

Q：我有个外甥，因故意伤害罪被判处有期徒刑 4 年，一审判决作出后，他没有上诉。判决生效之后，我姐姐觉得儿子的行为不是故意伤害他人，只是不小心而为之。我姐姐可以上诉吗？

A：依据《刑事诉讼法》的规定，当事人及其法定代理人、近亲属，对已经发生法律效力的判决、裁定有异议的，可以向人民法院或者人民检察院提出申诉，但是在此期间，不能停止判决、裁定的执行。

Q：休假回老家探亲，听说小学同学因为故意杀人罪被抓了。他家家庭条件不好，请不起律师，而且他的父母认为杀人偿命，天经地义，花钱请律师辩护是白白浪费钱。难道他只能自己辩护吗？

A：依据《最高人民法院关于执行〈中华人民共和国刑事诉讼法〉若干问题的解释》之规定，被告人没有委托辩护人的，人民法院自受理案件之日起3日内，应当告知其有权委托辩护人；被告人因经济困难或者其他原因没有委托辩护人的，应当告知其可以申请法律援助；被告人属于应当提供法律援助情形的，应当告知其将依法通知法律援助机构指派律师为其提供辩护。告知可以采取口头或者书面方式。在审判期间，在押的被告人要求委托辩护人的，人民法院应当在3日内向其监护人、近亲属或者其指定的人员转达要求。被告人应当提供有关人员的联系方式。有关人员无法通知的，应当告知被告人。人民法院收到在押被告人提出的法律援助申请，应当在24小时内转交所在地的法律援助机构。而对下列没有委托辩护人的被告人，人民法院应当通知法律援助机构指派律师为其提供辩护：（一）盲、聋、哑人；（二）尚未完全丧失辨认或者控制自己行为能力的精神病人；（三）可能被判处无期徒刑、死刑的人。高级人民法院复核死刑案件，被告人没有委托辩护人的，应当通知法律援助机构指派律师为其提供辩护。如果具有下列情形之一，被告人没有委托辩护人的，人民法院可以通知法律援助机构指派律师为其提供辩护：（一）共同犯罪案件中，其他被告人已经委托辩护人；（二）有重大社会影响的案件；（三）人民检察院抗诉的案件；（四）被告人的行为可能不构成犯罪；（五）有必要指派律师提供辩护的其他情形。人民法院通知法律援助机构指派律师提供辩护的，应当将法律援助通知书、起诉书副本或者判决书送达法律援助机构；决定开庭审理的，除适用简易程序审理的以外，应当在开庭15日前将上述材料送达法律援助机构。法律援助通知书应当写明案由、被告人姓名、提供法律援助的理由、审判人员的姓名和联系方式；已确定开庭审理的，应当写明开庭的时间、地点。如果被告人拒绝法律援助机构指派的律师为其辩护，坚持自己行使辩护权的，人民法院应当准许。属于应当提供法律援助的情形，被告人拒绝指派的律师为其辩护的，人民法院应当查明原因。理由正当的，应当准许，但被告人须另行委托辩护人；被告人未另行委托辩护人的，人民法院应当在3日内书面通知法律援助机构另行指派律师为其提供辩护。聘请辩护律师的作用不可小觑，法律明确规定，辩护律师可以查阅、摘抄、复制案卷材料。其他辩护人经人民法院许可，也可以查阅、摘抄、复制案卷材料。合议庭、审判委员会的讨论记录及其他依法不公开的材料不得查阅、摘抄、复制。辩护人查阅、摘抄、复制案卷材料的，人民法院应当提供方便，并保证必要的时间。复制案卷材料可以采用复印、拍照、扫描等方式。辩护律师可以同在押的或者被监视居住的被告人会见和通信。其他辩护人经人民法院许可，也可以同在押的或者被监视居住的被告人会见和通信。辩护人认为在侦查、审查起诉期间，公安机关、人民检察院收集的证明被告人无罪或者罪轻的证据材料未随案移送，申请人民法院调取的，应当以书面形式提出，并提供相关线索或者材料。人民法院接受申请后，应当向人民检察院调取。人民检察院移送相关证据材料后，人民法院应当及时通知辩护人。辩护律师申请向被害人及其近亲属、被害人提供的证人收集与本案有关的材料，人民法院认为确有必要的，应当签发准许调查书。辩护律师向证人或者有关单位、个人收集、调取与本案有关的证据材料，因证人或者有关单位、个人不同意，申请人民法院收集、调取，或者申请通知证人出庭作证，人民法院认为确有必要的，应当同意。辩护律师直接申请人民法院向证人或者有关单位、个人收集、调取证据材料，人民法院认为确有收集、调取必要，且不宜或者不能由辩护律师收集、调取的，应当同意。人民法院收集、调取证据材料时，辩护律师可以在场。人民法院向有关单位收集、调取的书面证据材料，必须由提供人签名，并加盖单位印章；向个人收集、调取的书面证据材料，必须由提供人签名。人民法院对有关单位、个人提供的证据材料，应当出具收据，写明证据材料的名称、收到的时间、件数、页数及是否为原件等,由书记员或者审判人员签名。收集、调取证据材料后,应当及时通知辩护律师查阅、摘抄、复制,并告知人民检察院。因此,因为家庭经济困难而无法聘请律师的,可以申请指定辩护人,以保护犯罪嫌疑人在刑事诉讼中的合法权益。

Q:朋友被行政机关处以行政拘留 10 天的行政处罚,朋友不服,可以起诉该行政机关吗? 他只有一份行政处罚决定书,还需要哪些证据?

A:我国实行"谁主张,谁举证"的举证责任制度。不过,在行政诉讼中,行政机关和行政相对人处于不平等的地位。行政机关利用国家权力执行公务,对行政相对人具有一定的强制约束力,所以,在行政诉讼中,对行政机关实行的是举证责任倒置原则。行政相对人只要证明自己受到行政处罚,而由行政机关证明自己作出的行政行为具有合法性。

Q:朋友的儿子趁父母回老家走亲戚,把父亲的身份证和房产证偷走,伪造了一份房屋买卖合同,私下将原属于父亲的房屋变更到自己名下。我朋友回来后发现了,但是房产管理局不肯变更,怎么办?

A:依据《行政诉讼法》之规定,人民法院受理公民、法人或者其他组织提起的下列诉讼:(一)对行政拘留、暂扣或者吊销许可证和执照、责令停产停业、没收违法所得、没收非法财物、罚款、警告等行政处罚不服的;(二)对限制人身自由或者对财产的查封、扣押、冻结等行政强制措施和行政强制执行不服的;(三)申请行政许可,行政机关拒绝或者在法定期限内不予答复,或者对行政机关作出的有关行政许可的其他决定不服的;(四)对行政机关作出的关于确认土地、矿藏、水流、森林、山岭、草原、荒地、滩涂、海域等自然资源的所有权或者使用权的决定不服的;(五)对征收、征用决定及其补偿决定不服的；（六）申请行政机关履行保护人身权、财产权等合法权益的法定职责，行政机关拒绝履行或者不予答复的；（七）认为行政机关侵犯其经营自主权或者农村土地承包经营权、农村土地经营权的；（八）认为行政机关滥用行政权力排除或者限制竞争的；（九）认为行政机关违法集资、摊派费用或者违法要求履行其他义务的；（十）认为行政机关没有依法支付抚恤金、最低生活保障待遇或者社会保险待遇的；（十一）认为行政机关不依法履行、未按照约定履行或者违法变更、解除政府特许经营协议、土地房屋征收补偿协议等协议的；（十二）认为行政机关侵犯其他人身权、财产权等合法权益的。除前款规定外，人民法院受理法律、法规规定可以提起诉讼的其他行政案件。本案中，房屋转让必须双方当事人当面签订书面转让合同，也就是说，房屋买卖的双方必须都在场，如果有一方不在场而由另一方单独操作，则视为程序违法。房产管理部门没有履行监督管理的职责，没有按照规定审查转让条件，违反了法定程序，侵犯了一方当事人的合法权益。你朋友可以向法院提起行政诉讼，请求法院予以撤销。

巧用心理咨询方法解决涉法涉诉难题

面对军人、军属涉法涉诉维权案件数量逐年上升,疑难案件所占比重日益增大,部分军人、军属恋讼恋访等问题,将法律服务与心理服务相结合,在接待法律咨询、办理法律援助案件的过程中,广泛采用心理学知识和技巧,因人因需开展"无缝式"法律心理服务,可以妥善地解决部队官兵遇到的涉法涉诉难题,维护军人、军属的合法权益。

一、 现状及原因分析

在我国法治建设的大环境下,军人、军属维权观念增强,各类涉法涉诉案件的咨询人次及法律援助收案率日益增长。经分析,涉法涉诉案件总体呈良性增长,究其原因,有以下三点:一是富有成效的普法宣传在官兵中形成一定的影响,普遍树立"依法维权"的观念,军人、军属因涉法涉诉问题主动寻求援助,推动案件增长;二是法律援助工作的实质性开展,带动新类型如学员请求退还服役前大学学费、军属解除劳动合同引发的主张经济补偿金的案件等情况,推动案件增长;三是合法的诉讼程序和关联性案件,如劳动争议同一案件的仲裁前置、一审、二审、执行等多个法律程序及上下班途中遇道路交通案件中的人身损害赔偿纠纷与工伤保险待遇纠纷竞合等一事多案情况,推动案件增长。法律服务与心理服务的"无缝式"对接,可以有效缓解来访者的不良情绪,引导军人、军属以理性的、积极的心态依法维权,实实在在地提高了涉军维权的工作质量和服务水平。

二、 实践运用

在办案过程中发现涉法涉诉难题通常难在沟通,而不是法律适用。从心理学角度,涉法涉诉难题中的当事人可分为三类,应当运用不同的技术针对性地开展法律心理服务。第一类是易激惹型。以某军属人身损害赔偿纠纷为例,当事人在法律咨询时十分激动,语速快、音量大、肢体动作多,心情难以平静,但是案件事实经过叙述不清,提交的证据欠缺。此时,笔者运用心理学的"焦点技术"加以干预,主动掌控局面,引导谈话方向,使当事人恢复理性后再来探讨案件事实、证据及法律适用。借此技术,笔者掌握了当事人忽视的案件细节,搜集整理了完整的证据链,指导当事人成功维权。第二类是回避型。与第一类相反,回避型的当事人表情抑郁、语速缓慢、一问一答,无过多言语表达。以某学员父母离婚纠纷为例,在初步访谈后,笔者发现来访者对离婚案件中的财产纠纷、妹妹抚养权纠纷等关注度不高,却反复强调母亲处于弱势,要为母亲维权,要与父亲诉讼到底。由此,笔者在阐述《婚姻法》相关规定的前提下,果断采取法律咨询为辅、心理咨询为主的"无缝式"法律心理服务模式,运用心理学技术引导该学员面对负性生活事件,走出"那片乌云"。第三类是强功利型。以某军属房屋拆迁合同纠纷为例,由于某军属对法律法规、拆迁政策的认知存在偏差,形成错误的思维模式,认为自身的合法权益受到严重侵害,提出了一些不切实际的要求,情绪异常激动,甚至产生上访、闹事的念头。笔者在讲法律、析政策的基础上,引导当事人运用苏格拉底的"产婆式"辩论技术与不合理信念辩论,转变了其认知模式,有效缓解了不良情绪,成功化解了矛盾。

三、 模式化方法

"无缝式"法律心理服务的模式化方法,即以认真倾听当事人叙述为基础,在积极关注的同时顺势干预、强化引导,并分阶段评估法律心理服务的效果。

第一,认真倾听。倾听是有效沟通的必要前提,学会倾听,把倾诉的权利让渡给当事人,给予相应的言语或非言语回应,鼓励当事人详尽地表述事件的来龙去脉,以此获取相对真实、更为全面的案件信息,搜集当事人认为不重要而忽略的一些案件关键证据。

第二,积极关注。著名心理学家罗杰斯认为,积极关注是积极的自我关注的先决条件,且积极的自我关注一旦建立,就不再依赖被爱的需要,而可以自我成长、自我完善。在服务过程中对当事人的言语和行为的积极面予以关注,引导当事人直面生活事件,理性看待涉法涉诉问题,尤其适用于回避型当事人。

第三,顺势干预。适时运用放松训练等技术做好当事人的心理安抚工作,帮助当事人缓解焦虑、抑郁等不良情绪;运用内容反应、情感反应、内容表达、情感表达、具体化、面质等心理咨询技巧收集资料,引导当事人理清思路,客观阐述问题。

第四,跟踪问效。落实访谈登记制度,如实记录当事人的基本信息、原始诉求、维权意愿、问题评估等，让当事人体会到办案人员的"真"；在开始阶段、指导与帮助阶段、结束阶段，多维度地追踪调查服务成效，让当事人体会到办案人员的"实"。建立在"倾听—关注—寻求解决"模式基础上的"无缝式"法律心理服务，既能解开当事人的"法结"，又能解开当事人的"心结"，以情感人、以理服人、以法信人，能更好更快地定纷止争，彻底解决部分军人军属恋访恋诉问题，使官兵回归正常的教学、训练工作中。

基层法律服务工作路径指引

在依法治国、依法治军目标的指引下,在长期从事基层法律服务工作的基础上,笔者探索出以法律援助、法律咨询和法制教育为核心,以维护军人、军属合法权益、保证部队安全稳定为目标,以帮助官兵形成"办事依法、遇事找法、解决问题用法、化解矛盾靠法"的行为模式为导向,普遍适用于军队基层法律服务的工作路径,以求用实实在在的高品质服务落实习主席在全军政治工作会议上的重要指示。

一、 紧抓涉法问题不放松,全力维护军人军属的合法权益

做好军人军属涉法维权工作,事关广大官兵的切身利益,事关

国防和军队建设,事关依法治国方略的实施,对实现党在新形势下的强军目标,增强部队凝聚力、战斗力,具有十分重要的现实意义。实践中,面对案由复杂、异地维权、取证不便、诉讼周期长等难题,通盘考虑维权成本等因素,军队基层法律服务工作应遵循《关于加强维护国防利益和军人军属合法权益工作的意见》中的制度机制,以直接提供法律援助为主,借助地方人武部门、地方法律援助机构的维权力量,快速有效地维护军人、军属的合法权益。

路径一,军队律师给予法律援助。据统计,基层官兵及其家庭涉法涉诉问题包括但不限于军属人身伤害赔偿纠纷、军属劳动合同纠纷、军属工伤赔偿纠纷、商品房买卖合同纠纷、农资产品质量纠纷等。对于此类民商事案件,经授权,基层法律服务工作者及军队律师可以直接提供法律援助。办理案件的过程中,不仅要鼓励当事人详尽地表述事件的来龙去脉,引导当事人理清思路,客观阐述问题,还要如实记录当事人的基本信

**本书作者在法律援助中心
为当事人提供援助**

息、原始诉求等,制作谈话笔录和证据目录,客观分析案件,认真书写法律文书,全身心投入法律援助工作。办理非诉案件侧重于沟通协调;办理仲裁、诉讼案件,从调查取证、准备诉状、庭前沟通、庭审质证答辩到执行阶段,环环相扣。只有百分之百的投入,才能妥善解决官兵遇到的涉法涉诉难题。

路径二,会同地方人武部门共同给予法律援助。军人、军属请求给予优抚待遇等法律援助案件,在不派人、不派车的情况下远程处理涉法问题,必须依靠地方人武部门解决异地维权难的问题。

为避免发生《法律援助商请函》泥牛入海的情况，基层法律服务工作者可以按照电话联系、确认承办人、发函、电话短信沟通的步骤开展工作。其中，发函是重要环节，基层法律服务工作者应当以有相应证据支撑的事实为依据，阐述观点、列明法律，万万不能仅听一面之词，而给地方人武部门增添办案难度。

路径三，请求地方法律援助机构给予法律援助。《关于加强维护国防利益和军人军属合法权益工作的意见》已明确指出，地方法律援助机构有义务参与到维护军人、军属合法权益工作中。2015年1月，江苏省人民政府、江苏省军区联合发布《做好军人军属法律援助工作的意见》，明确了援助事项范围、管辖范围，遵循优先受理、优先审查、优先指派办理的原则，建立健全异地协作机制，以推动军人军属法律援助工作深入开展。军队基层法律服务工作者可以致电案发地法律援助机构，讲述案情、陈述证据目录，只要法律诉求属于所在地法律援助机构的受案范围，就可以转介至军属所在地法律援助机构，由其指派律师提供法律援助。

二、 紧抓法律咨询不放松，拓宽官兵学法、懂法、用法途径

在我国法治建设的大环境下，军人、军属维权观念增强，各类法律咨询随之增长。军队基层法律服务工作者及时准确地解答法律咨询是促进官兵学法、懂法、用法的有效途径。

路径一，预约咨询。基层大多设有法律顾问处、法律服务站等机构，专职负责接收处理官兵涉法涉诉问题，提供法律咨询服务。这些机构应当严格执行律师值班制度，错开日常教学训练工作高峰期，确立工作日下午及双休日全天为咨询时间，真正做到便利官兵。面对面咨询过程中，律师综合当事人提交的证据材料，给出法律意见，协助依法维权。

路径二，网络咨询。在未配备专职、兼职律师的基层单位，面对面的咨询难以实现，网络咨询当为首选。以全军政工网"律师在

线"为例,从咨询问题列表看出,涉法问题涉及面广,有军人军属专属权益咨询,例如退伍政策咨询、军人伤残评定问题咨询、义务兵家属优待金问题咨询、军人保险问题咨询等;也有一般民事纠纷咨询,例如道路交通侵权责任纠纷、民间借贷纠纷、婚姻家庭纠纷、物业管理纠纷等;还有刑事案件咨询和行政案件咨询。"律师在线"每天有 2 名律师在线值班,从实体法、诉讼法、政策规定等角度,认真负责地解答,咨询记录是官兵获取法律知识、解决实际法律问题的有效方法。

路径三,电话咨询。在网络不便利的部分基层单位,官兵进行网络咨询受时间、空间等条件限制。为弥补网络咨询的滞后性、网络资源的局限性、消除 148(谐音"要司法")固定电话咨询的时间限制,基层法律服务单位可以制作发放"爱心服务卡",将大单位军队律师及基层法律服务工作者的移动电话印制在卡片上,方便官兵 24 小时来电咨询。实践中,小卡片有大作用,名片式的"爱心服务卡"不仅携带方便,还能帮助官兵在第一时间找到"法",有利于形成遇有涉法问题随时咨询的思维习惯。

三、 紧抓法制教育不放松,提高官兵学法、守法、用法积极性

法制教育是培育法治文化、塑造法治精神、练就法治思维的重要途径。基层法律服务工作者应围绕全国普法教育要求,创新教育模式,以宪法法律为基础,借助多种载体宣传法律知识,结合日常工作进行法制教育。

路径一,依托政工网、电子屏等可持续更新内容的载体,搞好、搞活法律知识宣传。仍以全军政工网"律师在线"为例,其"军事法规"一栏链接了"军事法制信息网",提供各类军事法规检索服务;再以笔者所在单位法制教育网站为例,其设有"军人权益维护""法律常识""常用法规""举案说法""在线咨询"等多个栏目,网站由专职律师维护,普法内容新、实用性强、互动频繁,有效拓宽

了宣传阵地。

路径二,创新法制教育模式。针对传统普法教育枯燥晦涩、官兵不愿听的问题,基层法律服务工作者可以创新授课方式,比如,加入小组辩论、案例模拟、互动游戏等环节,增强法制教育的生动性,提高官兵学法主动性;分层次做小型专题讲座,增进交流、形成互动,改善教育效果,增强法制教育的有效性,提高官兵学法积极性;拒绝一成不变的法制教育内容,因人因需划定普法内容,增强法制教育的针对性,例如,面向即将复退的老兵,重点加强《劳动合同法》宣教,让他们在真实案例中消化法律条文,做到学以致用。

路径三,开展经常性法律服务活动。笔者所在单位被评为全国"六五"普法中期先进单位,在普法工作中坚持以官兵为本,主动作为,充分发挥官兵的主观能动性。结合夏季犯罪预防、老兵复退、"12·4"国家宪法日等时机,组织开展"送法下基层""模拟法庭""法律辩论赛"系列教育活动,实体法与程序法齐头并进,让官兵身临其境、感同身受,增强法制教育的实用性、经常性、深入性。在举办常规活动的同时,打造特色法律服务活动。例如,举办普法宣传周系列活动,充分发挥法律骨干的作用,形成以点带面的法律宣传模式,能够有效地促进官兵学法、尊法、守法、用法的积极性和主动性。

官兵法治意识的问题分析与培育路径

开展普法教育工作是部队思想政治工作的主要内容,也是当前依法治军、维护部队和谐稳定的客观要求。培育官兵法治意识是依法治军的前提和基础,是促使官兵自觉学法、守法的思想动力和军队法治文化建设的内在要求。

一、 当前官兵法治意识的现状

笔者在调研中发现,当前部分官兵受价值观多元化的影响,只具备法律工具主义观念,缺乏对法治价值的认同感,甚至降低了对法律价值的期待,导致官兵应有的法治信仰缺失。换句话说,我们广大官兵懂得法制但缺乏法治意识,有学法、守法的愿望但缺乏学法、守法的习惯,有依法维权的诉求但缺乏依法维权的实践,具体表现在以下几个方面。

一是法律素养不高。调研中发现,官兵知道最多的是《刑法》《行政法》等以禁止性规定为主的法律法规,而对《宪法》《民商法》等以授权性规范占主体的法律法规知之甚少,导致部分官兵畏权惧法的观念很强。面对一些不法侵害,有的官兵不知道有法可依,不懂得求助于法律,而是一味忍让,或者出现以暴制暴的极端情形。

二是法律信仰不强。随着我国法治现代化进程的加快,立法数量和立法速度直线上升,而官兵对法律法规的学习又相对滞后,导致多数官兵对法律背后所蕴含的价值难以认同,更谈不上对法律和法治的信仰。

三是对权利与义务的认识不足。部分官兵没有把自己看作法定权利与义务的主体,对权利与义务的认识还很局限,不知道权利与义务的统一性,要么只讲权利不讲义务,理直气壮地维权却不能踏踏实实地尽义务;要么只讲义务不讲权利,老老实实守法却不懂得如何利用法定权利实现自己的权益。

二、 存在问题的原因分析

法治意识作为一种理性的法律认识,来源于法律实践,又反作用于法律实践。深入分析当前官兵法治意识存在的问题,笔者感到,这些年全军部队持续开展普法教育,官兵的法律知识更加丰富,法律素养不断提升,依法维权的意识进一步增强,但由于部队法律专业人员缺乏、普法形式单一等原因,导致官兵法治意识提升速度与国家法治进程加快的现状不相适应。一是部分领导对培育官兵法治意识认识不足、重视不够。有的领导自身没有深刻认识培育官兵法治意识的重要性,缺乏对此项工作的谋划和指导,往往采取突击式的方式"走过场",缺乏制度化、常态化、规范化地落实。官兵是否掌握了法律知识，法治意识是否得到增强往往无人问津。二是部分单位对官兵法治意识培育方法不活、内容不全。有的单位成立了普法组织，召开了部署会，制订了普法计划，按部就班地开展了法制教育，但注重了法律条文的灌输，忽视了法治意识的培育；注重了义务性、禁止性法律规范的讲授，忽视了权利性、许可性法律规范的宣传；注重了实体法的讲解，忽视了程序法的普及；注重了常用法律法规的学习，忽视了《宪法》等基本法及新颁布法律法规的研究，一定程度上影响了官兵法治意识的培育。三是当前部队系统掌握法律知识的专业人才不足。大多数团以下部队没有配备律师、法律咨询师等专业法律人员，开展法制教育的人员大多是教导员、指导员等政治工作者，由于他们缺乏法学专业知识和法律实务经验，多数教育是照本宣科，导致法制教育内容单一、案例陈旧、枯燥乏味，与实际生活、法律实践严重脱节，甚至当官兵发生涉法涉诉问题时也不能够依法给予正确解释，严重影响了教育的效果，弱化了官兵对法律知识的学习思考，更不用说对官兵法治意识的培育。

三、 培育官兵法治意识的路径研究

培育官兵法治意识要在加强法制教育的基础上，增强官兵对法律的信任感，形成官兵的法律神圣感和法律正义感，并将之融入官兵的思想中，落实到官兵的行动上。

第一，转变工作思路，在增强官兵学法、用法、爱法自觉性上下功夫。一要讲清开展法治意识培育的重大意义。有效开展法制教育，提升官兵的法律素养，并把法律素养转化为法律意识、法治理念和法治精神，融入每一个官兵的生活和血液中，唤起广大官兵对法治的普遍认同、信赖和信仰，使广大官兵自觉学法、守法、用法，从而提升部队依法治军的质量水平，促进部队正规化、常态化、法治化建设，也必将推动社会的法治化进程。二要宣扬社会主义法治理念的重要地位。党的十八大报告再次强调"完善中国特色社会主义法律体系""深入开展法制宣传教育"。要教育官兵认清社会主义法治理念是从中国国体和政体出发,立足于民主政治发展的时代要求,符合人类法治文明发展方向的核心观念。引导广大官兵认清中国特色社会主义法治理念的先进性,自觉摒弃"法是阶级斗争的工具""权大于法""重义务轻权利"等传统错误观念,牢固树立"法律面前人人平等""法律至上"等符合现代法治精神的观念,并将这种先进性融入官兵的思想中,化作学法、用法的原动力。三要明辨法律义务与权利的统一关系。在日常的军队法制教育中,法制教育者大多不厌其烦地告诫官兵"应该做什么、怎么做,否则就是违法,就要受到法律处罚",以此来规劝或者说"恐吓"官兵遵守法纪,造成了官兵普遍的心理定势:"我不违法就可以不学法",大大降低了官兵学法的积极性。要引导官兵切实认清法律义务与权利的统一关系,权利是目的,义务是手段,法律设定义务的目的在于保障权利的实现。要在教育官兵遵守好公民义务、履行好军人职责的同时,向广大官兵大力普及军人权利规范,弘扬军人权利意识,使官兵能主动运用法律确认自己的权利,以正确的权利义务观来维护自身权益。

第二,建设人才队伍,在提升法制教育效果、解决涉法问题上下功夫。一要健全法律服务处(站),解决"谁负责"的问题。当前大部分团以上单位已有法律顾问处(站),要进一步完善工作制度,成立领导组织,明确责任分工和奖惩机制,配齐配强律师、咨询师等专业法律人员,建立法律服务网络,形成横向到边、纵向到底,向上有人管、向下有落实的良好运行机制。二要提高政治干部能力素质,解决"谁来干"的问题。根据当前部队专业法律人才缺乏的实际,在引进专业人才的基础上着力提升政治干部的法律素养。要鼓励自学互学,利用函授、培训、讨论、交流等多种方式方法,提高基层政工干部的法治素养。要积极与地方院校、政法部门交流合作,采取"请进来,走出去"的方式方法,邀请地方院校的法学教授到军营举办培训班,选送优秀的干部进入军地院校或法治部门进行进修实习,内外兼修,强化政治干部开展法治意识培育工作的能力。三要紧贴涉法问题开展工作,解决"为谁干"的问题。要高度重视单位和所属官兵及其亲属发生涉法涉诉问题,要以"小题大做"的态度及时提供法律援助,帮助讲清所涉及的法律条款和维护权利的法律依据,必要时可通过代写法律文书、寄发函调、致电查询等方式了解案情进展,对于因意外情况影响案件合理解决的,要及时派出人员到案发当地军分区、人武部等单位请求司法援助,坚决维护军人军属的合法权益,让官兵在案件中受教育、受启发。

第三,建设法治文化,在浓厚普法氛围、弘扬法治精神上下功夫。一要健全制度文化。依据普法总体规划,结合本单位实际成立普法领导组织机构,定期召开部署会、碰头会,检查部署普法情况,制订普法教育计划,明确普法内容、开展时间、参加人员、讲授人员等,结合官兵实际需求,编写符合官兵实际情况的普法教材。研究制订普法工作奖惩机制,大力表彰先进、鞭策后进,形成比、学、赶、超的学习氛围。定期组织开展"送法下基层活动",讲解法律知识,发放法律书籍,解决官兵涉法涉诉问题。二要丰富活动文化。充分发挥法律服务处(站)的作用,结合"12·4"法制宣传日,开展法律文化节活动,采取理论精讲、小组讨论、以案说法、模拟法庭等方式,让官兵在有限的时间内,尽可能多地了解和掌握法律知识、熟识司法实践,将所学知识转化为实际应用法律的能力。与地方高校法学院联合组成法学研究会等兴趣小组,广泛开展专题演讲、讨论辩论、结对互学等活动,提高官兵学法的兴趣,在潜移默化中增进法治意识。三要完善网络文化。在校园网、政工网上建立"网络社区",结合新兵入伍、老兵复退、野外驻训等不同时机和任务,及时发布相关法律资料。结合新法颁布、新规出台等时机组织开展网上讨论交流活动。设立网络咨询专栏,由专职律师在线及时解答官兵的涉法涉诉问题。开设"网上法庭",采取以案说法的形式增强普法的趣味性。

后　记

本书是送给陶思齐小朋友的一份生日礼物。

在我们母子分离的 600 多个日日夜夜中，我们在平行的跑道上一起奔跑、一起努力、一起成长。偶尔，我会被脆弱无助笼罩，那些深夜，支撑我的就是这首《惜团圆》。

陶宝，吾儿
短暂的团圆过后
不得已离别
你满眼泪水
我心如刀割

我绕过你的眼神

拥你入怀
我能给的
只是
多一刻温暖

陶宝,吾儿
雨中奔跑的孩子
或许是因为没有伞
或许是奔向一个目标

妈妈在另一个跑道
与你平行
一起奔跑
愿你安好

　　整理出版这本工作手记,是我和陶思齐小朋友的约定,书稿付梓之日便是我履约之时。

　　这本工作手记写在国家司法部、军委政法委联合印发《军人军属法律援助工作实施办法》之际,基于军地协同维护国防利益和军人军属合法权益经验做法之上,包含三部分内容:第一部分选取的八个案例中,既有镇江船艇学院法律顾问处受理的军人、军属法律援助案件,也有镇江市法律援助中心受理的老、弱、病、残、幼等特殊群体法律援助案件;第二部分选取的是部分当事人来电、来访的法律咨询记录,即"法律咨询手记";第三部分选取的三篇工作研究文章,分别是《巧用心理咨询方法解决涉法涉诉难题》《基层法律服务工作路径指引》《官兵法治意识的问题分析与培育路径》。

　　从内容上说,本书既是日常生活的普法读物,也是解决涉法问题的方法参考;从意义上说,既梳理了工作,也兑现了承诺;从作用上说,既是对自己过去一阶段法律执业的回顾,也是对未来职业生涯的鞭策。

过去的,归于过去;未来的,属于未来。当下,依法治国、法治强军的伟大征程中,我坚持"学法以正,明法以精,普法以诚,尚法以恒",我愿意"用心播撒法律知识,积极投身法律援助",我保证"攻坚克难,依法维权"……

张蓉

2016 年 11 月 10 日

于镇江船艇学院法律援助工作站